常用百字练习

目前汉字的总数已经超过了8万,而日常生活中最常用的500个汉字就占汉字覆盖面的79%。我们精选常用字中频率最高的100个字作为练习内容。这些汉字占日常生活中用字的40%,只要我们写好它们,基本上可以提高自身的书写水平。

的	一	是	了	我	不	人	在	他	有	这
个	上	们	来	到	时	大	地	为	子	中
你	说	生	国	年	着	就	那	和	要	她
出	也	得	里	后	自	以	会	家	可	下
而	过	天	去	能	对	小	多	然	于	心
学	么	之	都	好	看	起	发	当	没	成
只	如	事	把	还	用	第	样	道	想	作
种	开	美	总	从	无	情	己	面	最	女
但	现	前	些	所	同	日	手	又	行	意
动										

常用字范

汉字应用水平测试字表 甲表（4000字）

1画	一	乙	2画	二	十	丁	厂	七	卜	八
人	入	儿	匕	几	九	刁	了	刀	力	乃
又	3画	三	干	于	亏	工	土	士	才	下
寸	大	丈	与	万	上	小	口	山	巾	千
乞	川	亿	个	夕	久	么	勺	凡	丸	及
广	亡	门	丫	义	之	尸	己	已	巳	弓
子	卫	也	女	刃	飞	习	叉	马	乡	幺
4画	丰	王	开	井	天	夫	元	无	韦	云
专	丐	扎	世	艺	木	五	支	厅	卅	不
犬	太	区	历	歹	友	尤	厄	匹	车	巨
牙	屯	戈	比	互	切	瓦	止	少	曰	日
中	贝	冈	内	水	见	午	牛	手	气	毛
壬	升	夭	长	仁	什	片	仆	化	仇	币

1~4画

仍	仅	斤	爪	反	介	父	从	仓	今	凶
分	乏	公	仓	月	氏	勿	欠	风	丹	勾
乌	匀	凤	六	文	元	方	火	为	斗	忆
计	订	户	讣	认	冗	讯	心	尹	尺	引
丑	巴	孔	队	办	以	允	予	邓	劝	双
书	毋	幻	5画	玉	刊	未	末	示	击	打
巧	正	扑	卉	扒	功	扔	去	甘	世	艾
古	节	本	术	札	可	丙	左	厉	石	右
布	劣	戍	龙	平	灭	轧	东	卡	北	占
凸	卢	业	旧	帅	归	旦	目	且	叶	甲
申	叮	电	号	田	由	只	叭	史	央	叱
兄	叽	叼	叫	叩	叨	另	叹	冉	皿	四
囚	四	生	矢	失	乍	禾	仁	丘	仕	付
仗	代	仙	仟	们	仪	白	仔	他	斥	瓜

常用字范

4~5画

乎	丛	令	用	甩	印	尔	乐	句	匆	册
卯	犯	外	处	冬	鸟	务	包	饥	主	市
立	冯	玄	闪	兰	半	汁	汀	汇	头	汉
宁	穴	它	讨	写	让	礼	讪	训	议	必
讯	记	永	司	尼	民	弗	弘	出	阡	辽
奶	奴	召	加	皮	边	孕	发	圣	对	台
矛	纠	驭	母	幼	丝	**6画**	匡	邦	式	迁
刑	邢	戎	动	扛	寺	吉	扣	考	托	圳
老	巩	圾	执	扩	扪	扫	地	场	扬	耳
芋	共	芍	芒	亚	芝	朽	朴	机	权	过
亘	臣	吏	再	协	西	压	厌	戍	在	百
有	存	而	页	匠	夸	夺	灰	达	成	列
死	戌	夹	夷	轨	邪	尧	划	迈	毕	至
此	贞	师	尘	尖	劣	光	当	早	呼	吐

吓	晃	曳	虫	曲	团	吕	同	吊	吃	因
吸	吗	吆	屿	屹	岁	帆	回	岂	则	刚
网	肉	年	朱	先	丢	延	舌	竹	迁	乔
迄	伟	传	乒	乓	休	伍	伎	伏	优	臼
伐	延	仲	件	任	伤	价	伦	份	华	仰
仿	伙	伪	自	伊	血	向	似	后	行	舟
全	会	杀	合	兆	企	众	爷	伞	创	肌
肋	朵	杂	危	旬	旨	奇	旭	负	犷	匈
名	各	多	兔	争	色	壮	冲	妆	冰	庄
庆	亦	刘	齐	文	衣	次	产	决	亥	充
妄	闭	问	闯	羊	并	关	米	灯	州	汗
污	江	汕	汲	汛	池	汝	汤	忏	忙	兴
宇	守	宅	字	安	讲	讳	讴	军	讶	祁
讷	许	讹	论	讼	农	讽	设	访	诀	寻

常用字范

6画

那	迅	尽	导	异	弛	阱	阮	孙	阵	阳
收	阪	阶	阴	防	丞	奸	如	妇	妃	好
她	妈	戏	羽	观	牟	欢	买	红	驮	纤
驯	约	级	纪	驰	刎	巡	7画	寿	弄	麦
玫	玛	形	进	戒	吞	远	违	韧	运	扶
抚	坛	技	坏	抠	扰	扼	拒	找	批	址
扯	走	抄	贡	丞	坝	攻	赤	折	抓	扳
抡	扮	抱	孝	坎	均	坞	抑	抛	投	坟
坑	抗	坊	抖	护	壳	志	块	抉	扭	声
把	报	拟	却	抒	劫	芙	芜	苇	邯	芸
芽	花	芹	芥	芬	苍	芳	严	芦	芯	劳
克	芭	苏	杆	杠	杜	材	村	杖	杏	杉
亚	极	杞	李	杨	权	求	忑	甫	匣	更
束	吾	豆	两	酉	丽	医	辰	励	否	还

危	歼	来	连	轩	忐	步	卤	坚	肖	旱
盯	呈	时	吴	助	县	里	呆	吱	吠	呕
园	旷	围	呀	吨	足	邮	男	困	吵	串
员	呐	听	吟	吩	呛	吻	吹	呜	吭	吧
邑	吼	囤	别	吃	岖	岗	帐	岚	财	囡
囱	针	钉	钊	壮	告	我	乱	利	秃	秀
私	每	兵	邱	估	体	何	佐	佑	但	伸
佃	作	伯	伶	佣	低	你	住	位	伴	身
皂	伺	佛	囟	近	彻	役	彷	返	余	希
坐	谷	妥	含	邻	岔	肝	肛	肚	肘	肠
龟	甸	免	狂	犹	狈	狄	角	删	鸠	条
彤	卵	灸	岛	邹	刨	饨	迎	饪	饭	饮
系	言	冻	状	亩	况	亨	床	库	庇	疗
吾	应	这	冷	庐	序	辛	弃	冶	忘	闰

常用字范

7 画

闲	间	闷	羌	判	兑	灶	灿	灼	弟	汪
沐	沛	汰	沥	沏	沙	汽	沃	沂	沧	沾
汾	泛	沧	没	沟	沪	沈	沉	沁	怀	忧
忡	怅	忱	快	完	宋	宏	牢	究	穷	灾
良	证	启	评	补	祃	社	祀	祖	识	诈
诉	罕	诊	词	诏	译	君	灵	即	层	屁
尿	尾	迟	局	改	张	忌	陈	陆	阿	孜
陇	陈	阻	附	坚	妩	妓	妙	妊	妖	姊
妨	妒	妞	努	邵	忍	劲	矣	鸡	纬	纭
驱	纯	纱	纲	纳	驳	纵	纶	纷	纸	纹
纺	驴	纽	**8画**	奉	玩	环	武	青	责	现
玫	表	孟	规	抹	卦	坷	坯	拓	拢	拔
坪	抨	拣	拈	坦	担	坤	押	抻	抽	拐
拖	者	拘	顶	折	拎	拥	抵	拘	势	抱

拄	垃	拉	拴	幸	拌	拧	抿	拂	拙	招
坡	披	拨	择	抬	拇	坳	拗	其	取	茉
苦	苯	昔	苛	若	茂	羊	苫	苗	英	苓
苟	苑	苞	范	直	苫	茄	茏	苔	茅	杜
林	枝	杯	枢	柜	枕	杏	枚	析	板	松
枪	枫	构	杭	杰	述	枕	杷	表	或	画
卧	事	刺	枣	雨	卖	郁	矾	矿	码	厕
奈	奔	奇	奋	奋	志	欧	殴	垄	妻	轰
项	转	斩	轮	软	到	非	叔	歧	肯	齿
些	卓	虎	虏	肾	贤	尚	旺	具	昙	味
果	昆	国	哎	咕	昌	阿	哑	畅	呸	明
易	咙	昂	迪	典	固	忠	咀	呻	咒	咋
咐	呱	呼	咚	鸣	咆	哼	咏	呢	咄	咖
岸	岩	帖	罗	帜	怕	岭	迥	岷	凯	败

常用字范

8画

账	贩	贬	购	贮	囵	钓	制	知	迷	氛
垂	牦	牧	物	乖	刮	秆	和	季	委	秉
佳	侍	岳	佬	供	使	佰	例	侠	侥	版
任	侦	侣	侃	侧	凭	侨	佩	货	侈	佼
依	伴	帛	卑	的	迫	质	欣	彿	往	爬
彼	径	所	舍	金	剑	刺	命	肴	斧	忿
爸	采	觅	受	乳	贪	念	贫	忿	瓮	肤
肺	肢	肿	胀	朋	股	肮	肪	肥	服	胁
周	剁	昏	鱼	兔	狐	忽	狗	狞	咎	备
炙	钱	饰	饱	饲	测	变	京	享	庞	店
夜	庙	府	底	症	疙	疫	病	剂	卒	郊
庚	废	净	妾	盲	放	刻	育	氓	闸	闹
郑	券	卷	单	炬	炖	炒	炊	炕	炎	炉
沫	浅	法	泄	沽	河	沾	洄	沮	油	泊

8 画

沿 泡 注 泣 泞 泻 泌 泳 泥 沸 泓
沼 波 泼 泽 治 忙 怯 怵 怖 怦 性
怕 怜 怪 怡 学 宝 宗 定 宠 宜 审
宙 官 空 帘 穹 宛 实 试 郎 诗 肩
房 诙 诚 衬 衫 衩 视 祈 诛 话 诞
诡 询 诣 诤 该 详 诧 建 肃 隶 隶
帚 屈 居 届 刷 屉 弧 弥 弦 承 孟
陋 陌 孤 陕 降 函 限 妹 姑 姐 姓
姗 妮 始 姆 虱 迢 驾 叁 参 艰 线
练 组 绅 细 驶 织 驹 终 驻 绊 驼
绍 驿 绎 经 贯 9画 契 贰 奏 春 帮
珑 玷 珀 珍 玲 珊 玻 毒 型 拭 挂
封 持 拷 拱 项 垮 拷 城 挟 挠 政
赴 赵 赳 挡 拽 哉 挺 括 郝 垢 拴

常用字范

拾	挑	垛	指	垫	挣	挤	拼	挖	按	挥
挪	垠	拯	某	甚	荆	茸	革	茜	茬	荐
巷	美	带	草	茧	茵	茴	荞	茯	荟	茶
荞	荒	茫	荡	荣	荦	荧	故	胡	荫	茹
荔	南	药	标	栈	柑	枯	柯	柄	栋	相
查	柚	柏	栅	柳	柱	柿	桎	柠	枷	树
勃	要	柬	咸	威	歪	研	砖	厘	厚	砌
砂	泵	砚	砍	面	耐	耍	奎	奔	牵	鸥
残	殃	殆	轱	轳	轴	轶	轻	鸦	皆	毖
韭	背	战	点	虐	临	览	竖	省	削	尝
眛	眈	是	盼	眨	哇	哄	哑	显	冒	映
星	昨	咧	昵	昭	畏	趴	胃	贵	界	虹
虾	蚁	思	蚂	蛊	呈	品	咽	骂	勋	哗
咱	响	哈	哆	咬	咳	咩	咪	咤	哪	哟

峙 炭 峡 罚 贱 贴 贻 骨 幽 钙 钝
钞 钟 钢 钠 钡 钦 钩 钓 钮 卸 缸
拜 看 矩 毡 氟 氢 怎 牲 选 适 秕
秒 香 种 秋 科 重 复 竿 笃 段 便
俩 贷 顺 修 俏 保 侣 俄 俐 侮 俭
俗 停 信 皇 泉 鬼 侵 禹 侯 追 俑
俊 盾 待 徊 衍 律 很 须 叙 俞 剑
逃 食 瓮 胚 胧 胆 胜 胞 胖 脉 脂
匍 勉 狭 狮 独 狰 狡 狩 狱 狠 贸
怨 急 饵 饶 蚀 饷 饺 饼 峦 弯 孪
将 奖 哀 亭 亮 度 奕 迹 庭 疮 疯
疫 疤 咨 姿 亲 音 彦 飒 帝 施 闺
闻 闽 阀 阁 羞 养 姜 逆 叛 送
类 迷 籽 娄 前 酋 首 逆 兹 总 炳

常用字范

9画

炼 炽 焖 炸 烁 炮 炫 烂 剃 洼 洁
洪 洒 柴 浇 浊 洞 测 洗 活 诞 派
洽 染 洛 浏 济 洋 洲 浑 浒 浓 津
恃 恒 恢 恍 恬 恤 怡 惦 恨 举 觉
宣 官 室 宫 宪 突 穿 窃 客 诚 冠
证 语 扁 衽 祖 神 祝 祠 误 诱 海
说 诵 郡 垦 退 既 屋 昼 怼 屏 屎
费 陡 逊 眉 孩 陛 陨 陈 险 院 娃
姥 姨 姻 娇 姚 姣 姘 娜 怒 架 贺
盈 勇 怠 癸 蚤 柔 矜 竖 乡 绒 结
绕 骄 绘 给 绚 绛 骆 络 绝 绞 骇
统 10画 耕 耘 耗 耙 艳 泰 秦 珠 班
素 匿 蚕 顽 盏 匪 捞 栽 埔 捕 埂
捂 振 载 赶 起 盐 捐 捍 捏 埋 捉

捆 捐 损 袁 捌 都 哲 逝 捡 挫 捋
换 挽 挚 热 恐 捣 壶 捅 埃 挨 耻
耿 耽 聂 莘 恭 荞 茉 莲 莫 莉 莓
荷 获 晋 恶 莎 莹 莺 真 框 梆 桂
桔 栖 档 桐 株 桥 桦 栓 桃 桅 格
桩 校 核 样 根 索 哥 速 逗 栗 贾
酌 配 翅 辱 唇 夏 砸 砰 砾 础 破
原 套 逐 烈 殊 殉 顾 弑 轿 较 顿
毙 致 柴 桌 虔 虑 监 紧 逍 党 逞
晒 眩 眠 晓 哮 唠 鸭 晃 哺 晌 剔
晏 晕 蚌 蚜 畔 蚣 蚊 蚪 蚓 哨 哩
圃 哭 哦 恩 蛊 鸳 唤 唷 哼 唧 啊
唉 咳 罢 峭 峨 峰 圆 峻 贼 贿 赂
赃 钱 钳 铧 钻 钾 铀 铁 铂 铃 铅

常用字范

10 画

铆	缺	氨	氧	氦	特	栖	造	乘	敌	秋
秤	租	积	秧	秩	称	秘	透	笔	笑	笋
笆	倩	债	借	值	倚	俺	倾	倒	倘	俱
倡	候	赁	倪	俯	倍	倦	健	臭	射	躬
息	倔	徒	徐	殷	舰	舱	般	航	途	拿
釜	茸	爹	邕	爱	豺	豹	领	颂	翁	胯
胰	胱	胴	脍	脆	脂	胸	胳	脏	脐	胶
脑	朕	脓	玺	逛	狸	狼	卿	逢	驼	留
袅	鸳	皱	饿	馁	凌	凄	挛	恋	桨	浆
衰	衷	高	郭	席	准	座	症	病	疾	斋
疹	疼	疲	痉	眚	效	离	紊	唐	润	瓷
资	凉	站	剖	竞	部	旁	旅	畜	阅	羞
羔	恙	瓶	拳	粉	料	益	兼	朔	郸	烤
烘	烦	烧	烛	烟	焰	递	涛	浙	涝	浦

酒	涎	涉	娑	消	涓	涡	浩	海	涂	浴
浮	涣	涤	流	润	涧	浄	浪	浸	涨	烫
涩	涌	悸	悟	悄	悍	悔	悯	悦	害	宽
家	宵	宴	宾	窍	窄	容	窈	剜	宰	案
请	朗	诸	诺	读	扇	谦	袜	袒	袖	袍
被	祥	课	冥	谁	调	冤	谅	谭	谈	谊
剔	恳	展	剧	屑	弱	陵	柴	陶	陷	陪
姬	娠	娱	娟	恕	娥	娩	娴	娘	媲	通
能	难	预	桑	骋	绢	绣	验	健	骏	11画
彗	球	琐	理	琉	琅	捧	堵	措	描	域
捺	掩	捷	排	焉	摔	捶	赦	堆	推	埠
掀	授	捻	教	掏	掐	掠	掂	披	培	接
掷	捭	控	探	据	掘	掺	职	基	聆	勘
聊	娶	著	菱	勤	黄	菲	萌	萝	菌	姜

常用字范

10~11画

菜	萄	菊	萃	菩	萍	菠	营	萤	营	乾
萧	萨	菇	械	彬	梦	梵	婪	梗	梧	梢
梅	检	梳	梯	桶	梭	救	壶	曹	副	票
酗	酣	厢	戚	硅	硕	硌	奢	盔	爽	牵
粪	袭	盛	匾	雪	辅	辆	堑	颅	虚	彪
雀	堂	常	眶	匙	晤	晨	眺	眸	睐	眼
眸	悬	野	啪	啦	曼	晦	冕	晚	啄	啡
畦	距	趾	啃	跃	跑	略	蛆	蚱	蚯	蛉
蛀	蛇	唬	累	鄂	唱	患	啰	唾	唯	啤
啥	陶	啸	崖	崎	崭	逻	帼	崔	帷	崩
崇	崛	赈	婴	赊	圈	铐	铠	铝	铜	铡
铭	铮	铲	银	矫	甜	秸	梨	犁	秽	移
笨	笼	笛	笙	符	笠	第	茗	敏	做	偕
袋	悠	偿	偶	偎	傀	偷	悠	售	停	偏

11画

躯 蛇 兜 皎 假 莘 徘 徙 得 衔 盘
舶 船 舷 舵 斜 盒 鸽 敛 悉 欲 彩
领 脚 脖 脯 豚 脸 脱 匍 象 够 逸
猜 猪 猎 猫 凰 猖 猝 猕 猛 祭 馄
馅 馆 凑 减 毫 孰 烹 庶 麻 庵 痔
痊 痒 痕 廊 康 庸 鹿 盗 章 竟 商
旌 族 旋 望 率 阎 阁 阐 着 羚 盖
眷 粘 粗 粕 粒 断 剪 兽 焊 焕 烽
焖 清 添 鸿 淋 渐 涯 淹 渠 渐 淑
淌 混 淮 渚 渊 淫 渔 淘 淳 液 游
淡 淀 深 涮 涵 婆 梁 渗 情 惜 惭
悼 惧 惕 悸 惟 惆 惊 惦 悴 惋 惨
惯 寇 寅 寄 寂 宿 窒 窑 窕 密 谋
谍 谎 谏 扈 谐 谑 祸 祆 祷 祸 谒

常用字范

11 画

谓	谗	谚	谜	逮	敢	尉	屠	弹	隋	堕
随	蚕	隅	隆	隐	媛	媚	婢	婚	婵	婉
颇	颈	翌	恿	绩	绪	续	骑	绰	绳	维
绵	绷	绸	综	绽	绿	缀	巢	12画	琵	琴
琶	琪	瑛	琳	琦	琢	琥	靓	琼	斑	替
揍	款	堪	塔	搭	堰	揩	越	趁	趋	超
揽	堤	提	揖	博	揭	喜	彭	揣	插	揪
搜	煮	援	搀	裁	搁	搂	楼	搅	壹	握
搔	揉	斯	期	欺	联	葫	散	巷	莽	募
葛	董	葡	敬	葱	蒋	蒂	落	韩	朝	辜
葵	棒	棱	棋	椰	植	森	焚	椅	椒	棵
棍	椎	棉	棚	棕	棺	榔	椭	惠	惑	逼
粟	棘	酣	酥	厨	厦	硬	硝	确	硫	雁
殖	裂	雄	颊	雳	雯	暂	辍	雅	翘	辈

悲 紫 莹 辉 敬 棠 赏 掌 晴 睐 暑
最 晰 量 鼎 喷 喳 晶 喇 遏 喊 喔
遇 晾 景 畴 践 跛 跌 跚 跑 跛 遗
蛙 蚰 蛔 蛛 蜓 蜒 蛤 蛟 喝 鹃 喂
喘 喉 喻 啼 喧 嵌 幅 帽 赋 赌 赎
赐 赔 黑 铸 铺 链 铿 销 锁 锄 锅
锈 锉 锋 锌 锐 锡 掣 掰 短 智 氮
毯 毽 氰 掭 鹅 剩 稍 程 稀 黍 税
筐 等 筑 策 筛 筒 筏 筵 答 筋 筝
傣 傲 傅 牌 堡 集 焦 傍 储 皓 皖
粤 奥 遁 街 惩 御 徨 循 艇 舒 逾
番 释 禽 舜 貂 腈 腊 腌 腆 脾 腋
腑 腔 腕 鲁 猩 猾 猬 猴 爬 惫 然
馈 饶 装 董 就 敦 斌 痣 痘 痞 痢

常用字范

12 画

痹	痛	童	竣	阑	阔	善	翔	羡	普	奠
尊	奠	道	遂	曾	焰	焙	湛	港	滞	湖
湘	渣	渤	渺	湿	温	渴	溃	湍	溅	滑
湃	渝	湾	渡	游	滋	渲	溉	愤	慌	惰
惺	愕	惴	愣	惶	愧	愉	慨	割	寒	富
寓	窜	窝	窖	窗	窘	寐	庾	遍	雇	裕
裤	裙	禅	禄	谢	谣	谤	谦	遐	犀	属
屡	强	粥	疏	隔	隙	隘	媒	絮	嫂	媛
婷	媚	婿	登	缅	缆	缉	缎	缓	缔	缕
骗	编	骚	缘	13画	瑟	鹉	瑞	瑰	瑜	瑕
遨	瑙	魂	肆	摄	摸	填	搏	塌	摁	鼓
摆	携	誓	搬	摇	搞	塘	搪	摊	聘	斟
蒜	勤	靴	靶	鹊	蓝	墓	幕	蓓	蔻	蓟
蓬	蓑	蒿	蓄	蒲	蓉	蒙	颐	蒸	献	楔

椿 楠 禁 楂 楚 楷 榄 想 槐 槌 榆
楼 概 楣 椽 裘 赖 甄 酪 酬 感 碍
碘 碑 硼 硐 碎 碰 碗 碌 锅 尴 雷
零 雾 雹 辐 辑 输 督 频 龄 鲎 睛
睹 睦 瞄 睫 睡 联 嘟 嗜 嗑 鄙 嗦
愚 暖 盟 煦 歇 暗 暇 照 畸 跨 跷
跐 跺 跪 路 跤 跟 遣 蜈 蜗 蛾 蜂
蜕 蛹 嗣 嗯 喚 嗡 嗨 嗟 嗓 署 置
罪 罩 蜀 愧 嵩 错 锚 锡 锣 锤 锥
锦 锹 铠 键 锯 锰 矮 辞 稚 稠 颊
愁 筹 签 简 筷 毁 鼠 鼠 催 傻 像
躲 魁 衙 微 愈 遥 腻 腰 腼 腥 腮
腹 腺 鹏 腾 腿 鲍 猿 颖 飕 触 解
遛 煞 雏 馍 馏 酱 鹑 禀 痹 瘁 廓

常用字范

13画

痴	痰	廉	裔	靖	新	韵	意	雍	阚	眷
粮	数	煎	塑	慈	煤	煌	满	漠	滇	源
滤	滥	涵	溪	溜	漓	滚	溢	溯	滨	溶
滓	溺	粱	滩	慑	慎	誊	塞	寞	窥	窟
寝	谨	裱	褂	裸	福	谬	群	殿	辟	障
媳	嫉	嫌	嫁	叠	缚	缝	缠	缤	剿	
静	碧	瑶	璃	赘	熬	韬	髦	墙	墟	撂
嘉	摧	赫	截	誓	境	摘	摔	撒	聚	蔫
蔷	慕	暮	摹	蔓	蔑	蔡	蔗	蔽	蔼	熙
蔚	竞	榛	模	槛	榈	榭	榴	榜	槟	榕
歌	遭	酵	酷	酿	酸	厮	碟	碴	碱	碳
磋	磁	愿	臧	殡	需	霆	辕	辖	辗	翡
雌	龈	睿	裹	颗	瞅	墅	嘈	嗽	喊	嘎
跟	踊	蜻	蜡	蝈	蝇	蜘	蝉	蝌	蜢	嘘

13~14 画

嘛 嘀 慢 赚 骷 锹 锻 锵 镀 舞 舔
稳 熏 箍 箕 算 箩 管 箫 毓 舆 僚
僧 鼻 魄 魅 貌 膜 膊 膀 鲜 疑 孵
馒 裹 敲 豪 膏 塾 遮 腐 瘩 瘟 瘦
廖 辣 彰 竭 韶 端 旗 精 鄢 粹 粽
歉 弊 熄 熔 熵 潇 漆 漱 漂 漫 滴
漩 漾 演 漏 慢 慷 寨 赛 寡 察 蜜
寥 谭 肇 褐 褪 谱 隧 嫩 嫖 嫦 嫡
翟 翠 熊 凳 骡 缨 缩 15画 慧 撵 撕
撒 撅 撩 趣 趟 撑 撮 撬 播 擒 墩
撞 撤 增 撰 聪 鞋 鞍 蕉 蕊 蔬 蕴
横 槽 樱 樊 橡 樟 橄 敷 豌 飘 醋
醇 醉 磕 磊 磅 碾 震 霄 霆 辘 瞌
瞒 题 暴 瞎 瞑 嘻 噎 嘶 嘲 嘹 影

常用字范

14~15画

踢	踏	踩	踮	踪	蝶	蝴	蝠	蝎	蝌	蝗
蝙	噗	嘿	噢	噜	嘱	幢	墨	骷	骸	镊
镇	镐	镑	靠	稽	稻	黎	稿	稼	箱	箧
箭	篇	篆	僵	躺	僻	德	艘	磐	鹞	膝
膘	膛	鲢	鲤	鲫	熟	摩	褒	瘪	瘤	瘫
凛	颜	毅	糊	遵	憨	潜	澎	潮	潭	潦
鲎	澳	潘	澈	澜	潺	澄	懂	憬	憔	懊
憧	憎	额	翩	褥	谴	鹤	憨	熨	慰	劈
履	嬉	豫	缭	16画	璞	撼	擂	操	擅	燕
蕾	薯	薛	薇	擎	薪	薄	颠	翰	噩	橱
橙	橘	懋	融	瓢	醒	霖	霏	霓	霍	霎
撤	冀	餐	瞟	瞳	瞰	踹	嘴	骏	蹄	踩
蟒	蟆	螃	螟	器	噪	鹦	赠	默	黔	镜
梵	憩	穆	篮	篡	篷	篙	篱	儒	翱	邀

衡 膨 膳 雕 鲸 磨 瘾 瘸 凝 辨 辩
糙 糖 糕 瞥 燎 燃 颇 澡 激 懒 憾
懈 窿 禧 壁 避 犟 缰 缴 17画 戴 壕
擦 藉 鞠 藏 薰 薨 檬 檐 檩 檀 磴
磷 霜 霞 蛹 鍪 瞭 瞧 瞬 瞳 瞩 瞪
嚏 曙 蹑 蹒 蹋 蹈 螳 螺 蟋 蟑 蝉
嚎 羁 赡 镣 穗 黏 魏 黄 簇 繁 黛
儡 舛 徽 爵 朦 臊 膻 臃 鳃 鳄 糜
癌 瓣 赢 糟 糠 燥 懦 豁 臀 臂 翼
骤 18画 藕 鞭 藤 覆 瞻 蹦 嚣 髅 镭
镰 馥 翻 鳍 鹰 癖 瀑 襟 璧 戳 彝
19画 攒 孽 警 蘑 藻 攀 曝 蹲 蹭 蹿
躇 巅 簸 簿 蟹 颤 靡 癣 瓣 羹 鳌
爆 瀚 疆 骥 20画 冀 壤 攘 馨 耀 躁

蠕	嚼	嚷	巍	籍	鳝	鳞	魔	糯	灌	譬
21 画	蠢	霸	露	霹	躏	黯	髓	癫	麝	赣
22 画	蘸	囊	镶	瓤	23 画	罐	24 画	矗		

汉字应用水平测试字表　乙表（500 字）

3 画	弋	孑	4 画	仃	5 画	叵	刍	讧	讫	6 画
尥	岌	伛	伫	汆	夙	刎	汐	忖	纨	7 画
坍	苣	苋	芩	芪	矶	呓	呃	呗	帏	岐
佞	攸	佚	佝	伽	孚	邸	疖	肓	沤	汴
沆	怄	忾	忪	诂	诋	诌	陀	甬	8 画	坨
耶	杵	咔	呶	岿	咎	囹	罔	钗	竺	迤
臾	岱	侗	侏	侩	佻	阜	迩	狙	狒	枭
饴	冼	疝	劾	炝	泔	泱	泅	泗	沱	泯
泾	宕	诓	诘	庚	诠	诩	孢	妯	弩	迦
驷	驸	绌	9 画	玳	垣	挞	茗	茭	柩	枸
酊	殇	轲	眈	咦	哗	毗	剐	咿	咯	哝
帧	峥	钛	钡	钨	竽	俨	叟	俚	皈	逅
徇	徉	舢	鸨	弈	阂	炷	浏	浃	恸	恫

恻	恰	袄	祛	娩	羿	绔	骁	骈	10画	敖
蒿	芳	莅	荼	莘	莞	桓	桎	桧	栩	虹
砝	砺	砥	砣	唉	哽	唢	圄	唏	崂	峪
觊	赅	钴	舐	俸	偌	倏	倭	隼	倌	颀
舫	奚	胴	疽	疱	痂	悠	炫	烨	悚	谏
谄	陲	娌	婀	绥	邕	11画	麸	掷	掳	逵
掬	掮	掇	萋	菏	棠	桔	梓	匿	赦	豉
酞	酚	戛	厩	啧	喵	蚶	蛎	盅	啖	啜
铣	铤	铭	逯	笺	笞	偃	偻	绨	龛	翎
疵	袤	敕	渍	淞	渌	涔	涧	淙	淄	惇
悻	悱	惆	惚	惮	谛	婵	袈	绫	绮	绯
绶	12画	搭	趔	揄	垫	摒	葆	葩	萱	戟
鹇	厥	韬	斐	喋	喃	跎	啾	嗖	喽	喔
嵘	崴	崽	幄	嵋	锂	腱	裁	颌	釉	腚

鲵	猥	馊	蓥	瘀	痦	痊	痫	筝	湄	愎
幂	缄	缈	13画	瑚	瑁	趔	搐	剽	酩	廒
虞	嗷	嗬	嗪	嗝	暄	嗳	嗵	锩	锏	稞
稗	牒	飓	赂	颔	腭	鲐	鲈	酥	肆	痼
瘘	粳	煜	煊	煸	裟	溧	滂	窠	裨	谩
媳	缜	缢	14画	摞	墒	蔻	斡	槟	酶	蜇
裴	龇	瞵	暧	踌	蜷	蜿	嘧	嶂	幛	罂
锲	锾	锾	搞	筲	睾	膈	獐	馑	瘊	瘘
熘	潢	漪	慵	褥	褛	暨	嫣	缥	15画	璀
撷	赭	撺	巍	蕾	磙	趑	觑	嘭	踝	踞
颚	噙	幡	箴	鲵	獗	獠	馔	麾	瘠	遴
糌	潼	褫	戮	缮	16画	髭	擀	熹	擞	薮
橇	樵	橹	醚	赝	飙	臻	氅	踵	骺	螨
噼	罹	镖	篝	篦	盥	鲮	鲲	蝎	獬	邂

12~16画

癉 斓 瀚 寰 褶 17画 璨 璐 擤 磬 醒
蹊 嚓 黜 黝 镫 篸 臆 鳅 襄 膺 縻
懑 禩 孺 18画 鳌 鬈 藩 蹯 蟠 黠 镯
鳏 癔 癜 癖 19画 藿 麓 霭 蹴 黩 蹶
蟾 籁 鳔 鳕 鳗 麒 麋 瀣 20画 曦 镰
纂 蹶 鳟 孀 21画 醺 礴 22画 鹳 23画 樱
攥 颧 麟 25画 囔

汉字应用水平测试字表　丙表（1000字）

2画	乜	3画	兀	孓	4画	厌	兮	刈	爻	卞
闩	5画	邗	邛	芳	匜	丕	仡	仫	仞	氐
邡	邙	讦	弁	6画	耒	玑	圩	圭	扦	芊
芨	芎	芗	乩	缶	氘	牝	伛	伥	伧	伉
囟	舛	邬	饧	汊	聿	艮	妁	纣	纥	7画
抟	抔	坂	芜	芾	芷	苘	芡	芰	苊	苡
邳	夼	卺	忒	轫	迓	邶	虬	呔	岑	钋
氙	氚	佟	佗	佘	佥	豸	兵	饨	疔	闱
闳	闵	炀	沅	沌	汩	汩	汶	忮	忭	忻
怆	忸	诃	陂	陉	妍	姒	妣	奴	劭	纰
8画	玚	忝	坩	拃	拊	坼	坻	苯	茏	苜
苒	茼	茌	茔	茺	苕	枥	枞	杼	砀	瓯
殁	郏	轭	鸢	盱	昊	杲	昕	曷	呷	呦

呦	峙	岬	岫	怏	帘	峰	钎	钒	佶	侨
侬	佘	钕	肱	胚	狎	狍	庖	兖	炜	炊
沭	泸	泠	泫	怙	怏	怍	怩	怫	戽	郓
衽	诉	译	戕	函	妲	驽	绀	绉	9画	珏
珐	珂	珈	拮	挞	责	坰	垓	荜	莒	苘
茉	荏	荃	荀	茨	垩	荥	荜	荨	栉	柘
柈	栌	栲	枳	柞	栀	标	柁	甭	砒	砝
殄	唯	眍	禺	晒	蜀	咙	呲	冑	虬	咣
郧	咻	囹	哏	哞	罘	峋	钚	钣	钫	氡
秸	秭	笈	俦	俪	俣	郗	狃	瓴	胛	胗
胝	胴	胫	狨	猁	訇	饸	饹	胤	疣	疠
闾	籵	洱	润	洄	洮	浔	恢	恺	宥	衲
袒	祜	诈	诮	诰	诳	鸩	弭	胥	陟	娅
娆	姝	怼	骈	绗	10画	挈	琪	顼	珞	珲

122

8~10画

埙	埚	耆	耄	挚	盍	莆	莳	莜	荽	荻
鸪	莸	栲	栳	梆	桢	桉	逑	鬲	逦	厝
砝	砷	轾	鸢	鸩	眬	晟	眙	唔	晁	鸮
趿	蚨	蚬	蚝	蚧	唑	崃	罡	钍	钹	钺
铜	铄	铎	氩	氤	秣	笊	俳	倜	隼	倥
臬	皋	郫	倨	衄	徕	龛	胼	胺	鸱	狷
猁	猃	桀	饽	凇	栾	亳	庥	疳	疸	痈
衮	阃	阄	耙	烨	郯	涞	涅	涔	浜	浠
浣	浚	悭	悒	悖	悛	冢	祚	祯	诿	扅
勐	奘	蚩	娉	娲	娣	逡	骊	绦	绋	鸳
11画	焘	舂	琏	捆	报	掉	鸷	捱	聃	菁
堇	荼	菽	葛	黄	萝	菌	萤	梗	邮	鄄
硌	硒	瓠	殒	殓	殍	赉	辄	眦	眵	啫
勖	晗	啭	喏	站	蚰	蛏	蚴	啁	啐	啃

10~11 画

唉 啷 唉 铙 铊 铢 铧 铨 铩 铰 铱
氪 捂 笸 笳 偈 偐 舸 猗 猞 斛 觟
猓 鸾 庚 廒 舲 阃 阄 阄 焐 烯 烷
渚 淇 涿 淖 淹 渑 淬 涪 湛 皴 谕
谞 桀 隍 婧 婕 欷 绺 绻 馆 12画 琨
琬 鼋 揳 楪 揠 颉 耋 聒 琶 葳 葺
葱 萼 姜 葭 楱 棰 椁 棣 鹁 覃 酢
酡 殚 辊 睑 嗒 晷 骀 跆 蛱 蛭 蛳
喁 喟 喑 嗟 嗨 喀 喙 詈 毳 嵯 铿
锕 锑 锒 氰 鹄 犍 稌 犇 筌 傈 傥
傧 徨 傩 禽 翕 腓 脾 魴 颍 猢 觚
痧 訾 亶 颏 鹇 阑 阒 遄 焯 焱 鹈
湮 湎 溲 湟 溆 渥 湄 滁 愠 愀 谟
褋 祺 谡 谥 谧 屦 弼 巽 媪 皴 婺

鹜 犟 毚 飧 **13画** 鹜 髡 塝 鄂 趔 撷
搋 搛 縠 搡 戡 鄞 靳 蓦 蓟 蒇 蒹
蓤 蓥 楝 楫 楸 椵 皙 榈 榉 楦 楹
酮 酰 酯 碚 碇 碜 辏 龃 龅 訾 粲
睚 魅 嗦 睨 睢 雎 睥 嗳 戥 遢 暧
跬 跶 跣 跹 跻 蜊 蛛 蜉 嗶 嵊 锱
雉 氲 歆 稔 筠 筱 煲 徭 愆 艄 觎
腠 腩 詹 鲅 鲥 觥 馇 痱 痨 麂 歃
阖 嗉 煳 煜 煆 煺 渰 滏 溥 溧 溽
滗 溏 溟 愫 骞 稟 窣 裓 裾 谪 媾
嫔 缯 缛 辔 缟 缡 骝 **14画** 葵 榱 蜇
綦 鞒 鞅 蔺 蔫 鹕 蓼 榧 桦 槁 榷
酹 酾 碥 霁 瞑 蜥 蜮 蝎 嘖 嘤 黑
骷 锶 箜 箸 算 箪 箜 做 儒 僭 儇

魃	魅	鄱	膘	鲑	鲟	銮	瘠	旗	肇	鄩
糁	鹚	漕	漯	潋	潴	潞	潼	澉	寮	褡
褙	褊	谯	谰	谲	屣	嫱	嫘	鹜	骠	缪
㒇	15画	耦	耧	瑾	璎	璋	璇	髯	髻	聩
觐	欸	蕙	葟	蕤	蕲	槿	樯	靥	魇	餍
霈	龉	鹉	遴	踟	踯	踺	蝶	蝮	蝣	蝼
喋	噍	嘈	噔	颛	嶙	镐	镑	镍	镏	稷
篑	篁	篌	儋	徽	膝	鲠	鲥	鲦	徼	瘢
斋	羯	糌	糅	熵	熠	潸	潲	虢	谵	飖
毿	16画	耩	耪	磬	螯	警	氅	馨	颞	鞘
薨	薏	薮	薜	橛	樽	樨	醒	醐	醍	鏊
遽	噱	踽	螈	螅	噱	噬	嘲	镗	镝	镛
镞	穑	穋	穰	魉	魈	歙	鲱	鲵	鲷	鸥
廪	赢	雍	羲	甑	燧	濑	潞	澧	澹	褰

14～16画

隰	孀	缱	17画	螯	擢	藁	薜	藻	橄	懋
翳	磽	磴	嚅	蟥	鎚	罅	簌	魈	邈	夔
鹫	癍	濡	濮	濞	濠	濯	骞	邃	擘	蟊
鹞	18画	鬈	瞽	擦	藜	鬴	醪	瞽	燹	饕
瞿	蹚	鹭	蟮	鹳	黟	髂	鹭	鼬	雏	糙
鎏	懵	邋	19画	鬏	醮	霪	矐	蹯	蠖	蠓
黢	髋	臁	鐥	箱	鼩	鱋	嬴	瀛	谶	20画
蘖	醴	霰	嚶	躅	黩	蛰	獾	21画	鼙	犀
鑫	22画	懿	霾	甗	饕	驚	23画	饔	躩	癱
24画	蠹	衢	鑫	灞	襻	25画	鼉	攮	戆	30画
爨	36画	齉								

常用字范

图书在版编目（CIP）数据

行楷一本通 / 吴玉生书. —上海：上海交通大学出版社，2017

（人人写好字）

ISBN 978-7-313-17114-6

Ⅰ.①行… Ⅱ.①吴… Ⅲ.①行楷—硬笔书法 Ⅳ.①J292.12

中国版本图书馆 CIP 数据核字（2017）第 117239 号

（人人写好字）行楷一本通
吴玉生　书

出版发行：	上海交通大学出版社	地　址：	上海市番禺路 951 号
邮政编码：	200030	电　话：	021-64071208
印　制：	成都祥华印务有限责任公司	经　销：	全国新华书店
开　本：	787mm×1092mm　1/16	印　张：	8
字　数：	192 千字		
版　次：	2017 年 7 月第 1 版	印　次：	2018 年 11 月第 4 次印刷
书　号：	ISBN 978-7-313-17114-6		
定　价：	35.00 元		

版权所有　侵权必究
全国服务热线：028-85939832

华夏万卷·让人人写好字

好范字 HAO FAN ZI

华夏万卷
签约国内当代书法大家,
书写漂亮规范字。
老师高度不同,效果自然不同。

卢中南　田英章　吴玉生

好方法 HAO FANG FA

华夏万卷
引领有效练字形式及技巧的发明与创新。
蒙纸、非蒙纸、凹槽、教学视频等应有尽有。

好效果 HAO XIAO GUO

华夏万卷
提供的书法字帖,
让数以亿计的练字者提高了自身
写字水平和书法艺术审美能力。

吴玉生 WU YU SHENG

著名书法家、书法教育家,擅长楷书和行楷。全国九年制义务教育《写字》课本规范字书写人,国家语委"汉字行楷手写字形"科研课题顾问及字形样本书写人,《语文报》手写版编委。全国首届"文明杯"书法大赛唯一特等奖获得者。

吴玉生先生禀性淡泊,笔下自有清逸之气,隽雅拔俗,其字堪为当今书坛硬笔行楷之典范。更难能可贵者,他始终以书法教育为己任,不但出版有数百种书法教材和字帖,还常年在中央电视台举办硬笔书法讲座,惠及广大书法爱好者。2008年10月获得中国教育学会书法专业委员会授予的"全国书法教育突出贡献奖"。

巍巍交大　百年书香
www.jiaodapress.com.cn
bookinfo@sjtu.edu.cn

责任编辑：赵利润　徐佩佩
封面设计：徐　洋　周　喆

笔墨華夏
萬卷千里

建议上架：文教类
ISBN 978-7-313-17114-6

全套定价：35.00元

绿色印刷产品

关注"华夏万卷"
获取更多学习资源

华夏万卷
让人人写好字

人人写好字　行楷一本通

诗词·美文

从单字到作品的突破练习

吴玉生 书

诗经 ｜ 唐诗 ｜ 宋词 ｜ 元明清诗词 ｜ 诗歌 ｜ 散文

上海交通大学出版社

华夏万卷 增值服务
VALUE-ADDED SERVICE

华夏万卷始终秉承"让人人写好字"的使命追求，以品质卓越的字帖为价值主体，搭载练字学习交流社群、视频教学、练字辅导工具、在线答疑等服务，为数以亿计的练字者提供一站式解决方案。

敢为人先，勇于担当，华夏万卷不忘传承书法文化的初心，通过"华夏万卷杯""人人写好字"等大型书法赛事和公益赠书、公益书法讲座等活动，力求让每个人都能写一手好字。

关注"华夏万卷"微信公众号，了解详情。

交流社群　视频教学　练字辅导　在线答疑

扫码关注"华夏万卷"
获取更多学习资源

二十多年来，华夏万卷一直致力于传播书法文化和推广书法教育。对于书法普及教育中最重要一环的教师群体，华夏万卷始终给予全力支持。为此我们积极创新，打造了"练字帮"在线学习平台。该平台为全国中小学教师和学生提供直播教学、教学资源下载、练字打卡、作业点评、优秀作品展示等服务，同时也向广大练字爱好者开放。

关注"练字帮"微信公众号，了解详情。

直播教学　教学资源　练字打卡　作业点评　优秀作品

扫码关注"练字帮"
加入万人练字学习交流平台

让人人写好字
WWW.SCWJ.NET

古典诗词

三衢道中
[宋]曾 幾

梅子黄时日日晴,小溪泛尽却山行。绿阴不减来时路,添得黄鹂四五声。

示 儿
[宋]陆 游

死去元知万事空,但悲不见九州同。王师北定中原日,家祭无忘告乃翁。

望月怀远
[唐]张九龄

海上生明月,天涯共此时。情人怨遥夜,竟夕起相思。灭烛怜光满,披衣觉露滋。不堪盈手赠,还寝梦佳期。

秋夜将晓出篱门迎凉有感　　［宋］陆　游

三万里河东入海，五千仞岳上摩天。遗民泪尽胡尘里，南望王师又一年。

四时田园杂兴　　［宋］范成大

昼出耘田夜绩麻，村庄儿女各当家。童孙未解供耕织，也傍桑阴学种瓜。

小　池　　［宋］杨万里

泉眼无声惜细流，树阴照水爱晴柔。小荷才露尖尖角，早有蜻蜓立上头。

采薇（节选）　　诗经

昔我往矣，杨柳依依。今我来思，雨雪霏霏。

晓出净慈寺送林子方
[宋]杨万里

毕竟西湖六月中,风光不与四时同。接天莲叶无穷碧,映日荷花别样红。

春　日
[宋]朱　熹

胜日寻芳泗水滨,无边光景一时新。等闲识得东风面,万紫千红总是春。

观书有感
[宋]朱　熹

半亩方塘一鉴开,天光云影共徘徊。问渠哪得清如许?为有源头活水来。

大风歌
[汉]刘　邦

大风起兮云飞扬,威加海内兮归故乡。安得猛士兮守四方!

题临安邸

[宋]林 升

山外青山楼外楼,西湖歌舞几时休?暖风熏得游人醉,直把杭州作汴州。

游园不值

[宋]叶绍翁

应怜屐齿印苍苔,小扣柴扉久不开。春色满园关不住,一枝红杏出墙来。

乡村四月

[宋]翁 卷

绿遍山原白满川,子规声里雨如烟。乡村四月闲人少,才了蚕桑又插田。

赠范晔

[南朝·宋]陆 凯

折花逢驿使,寄与陇头人。江南无所有,聊赠一枝春。

墨 梅
[元]王 冕

我家洗砚池头树,朵朵花开淡墨痕。不要人夸好颜色,只留清气满乾坤。

石灰吟
[明]于 谦

千锤万凿出深山,烈火焚烧若等闲。粉骨碎身全不怕,要留清白在人间。

竹 石
[清]郑燮

咬定青山不放松,立根原在破岩中。千磨万击还坚劲,任尔东西南北风。

赐萧瑀
[唐]李世民

疾风知劲草,板荡识诚臣。勇夫安知义,智者必怀仁。

村 居

[清]高 鼎

草长莺飞二月天,拂堤杨柳醉春烟。儿童散学归来早,忙趁东风放纸鸢。

己亥杂诗

[清]龚自珍

九州生气恃风雷,万马齐喑究可哀。我劝天公重抖擞,不拘一格降人才。

垓下歌

[秦]项 羽

力拔山兮气盖世,时不利兮骓不逝。骓不逝兮可奈何,虞兮虞兮奈若何!

渡汉江

[唐]宋之问

岭外音书断,经冬复历春。近乡情更怯,不敢问来人。

七步诗
[三国·魏]曹 植

煮豆持作羹,漉菽以为汁。萁在釜下燃,豆在釜中泣。本是同根生,相煎何太急?

登幽州台歌
[唐]陈子昂

前不见古人,后不见来者。念天地之悠悠,独怆然而涕下!

过故人庄
[唐]孟浩然

故人具鸡黍,邀我至田家。绿树村边合,青山郭外斜。开轩面场圃,把酒话桑麻。待到重阳日,还来就菊花。

宿建德江
[唐]孟浩然

移舟泊烟渚,日暮客愁新。野旷天低树,江清月近人。

从军行
[唐]王昌龄

青海长云暗雪山,孤城遥望玉门关。黄沙百战穿金甲,不破楼兰终不还。

鸟鸣涧
[唐]王　维

人闲桂花落,夜静春山空。月出惊山鸟,时鸣春涧中。

劝　学
[唐]颜真卿

三更灯火五更鸡,正是男儿读书时。黑发不知勤学早,白首方悔读书迟。

江畔独步寻花
[唐]杜　甫

黄四娘家花满蹊,千朵万朵压枝低。留连戏蝶时时舞,自在娇莺恰恰啼。

竹里馆

[唐]王 维

独坐幽篁里,弹琴复长啸。深林人不知,明月来相照。

峨眉山月歌

[唐]李 白

峨眉山月半轮秋,影入平羌江水流。夜发清溪向三峡,思君不见下渝州。

绝句漫兴九首(其五)

[唐]杜 甫

肠断春江欲尽头,杖藜徐步立芳洲。颠狂柳絮随风舞,轻薄桃花逐水流。

江南逢李龟年

[唐]杜 甫

岐王宅里寻常见,崔九堂前几度闻。正是江南好风景,落花时节又逢君。

秋浦歌

[唐]李　白

白发三千丈,缘愁似个长。不知明镜里,何处得秋霜。

夜宿山寺

[唐]李　白

危楼高百尺,手可摘星辰。不敢高声语,恐惊天上人。

逢雪宿芙蓉山主人

[唐]刘长卿

日暮苍山远,天寒白屋贫。柴门闻犬吠,风雪夜归人。

闻官军收河南河北

[唐]杜　甫

剑外忽传收蓟北,初闻涕泪满衣裳。却看妻子愁何在,漫卷诗书喜欲狂。白日放歌须纵酒,青春作伴好还乡。即从巴峡穿巫峡,便下襄阳向洛阳。

逢入京使

[唐]岑 参

故园东望路漫漫,双袖龙钟泪不干。马上相逢无纸笔,凭君传语报平安。

登科后

[唐]孟 郊

昔日龌龊不足夸,今朝放荡思无涯。春风得意马蹄疾,一日看尽长安花。

秋 思

[唐]张 籍

洛阳城里见秋风,欲作家书意万重。复恐匆匆说不尽,行人临发又开封。

题李凝幽居(节选)

[唐]贾 岛

闲居少邻并,草径入荒园。鸟宿池边树,僧敲月下门。

乌衣巷

[唐]刘禹锡

朱雀桥边野草花,乌衣巷口夕阳斜。旧时王谢堂前燕,飞入寻常百姓家。

竹枝词

[唐]刘禹锡

杨柳青青江水平,闻郎江上唱歌声。东边日出西边雨,道是无晴却有晴。

暮江吟

[唐]白居易

一道残阳铺水中,半江瑟瑟半江红。可怜九月初三夜,露似真珠月似弓。

乐游原

[唐]李商隐

向晚意不适,驱车登古原。夕阳无限好,只是近黄昏。

菊 花
[唐]元 稹

秋丛绕舍似陶家,遍绕篱边日渐斜。不是花中偏爱菊,此花开尽更无花。

寒 食
[唐]韩 翃

春城无处不飞花,寒食东风御柳斜。日暮汉宫传蜡烛,轻烟散入五侯家。

题都城南庄
[唐]崔 护

去年今日此门中,人面桃花相映红。人面不知何处去,桃花依旧笑春风。

蚕 妇
[宋]张 俞

昨日入城市,归来泪满巾。遍身罗绮者,不是养蚕人。

天仙子

[宋]张　先

《水调》数声持酒听,午醉醒来愁未醒。送春春去几时回?临晚镜,伤流景,往事后期空记省。　　沙上并禽池上暝,云破月来花弄影。重重帘幕密遮灯,风不定,人初静,明日落红应满径。

蝶恋花

[宋]晏　殊

槛菊愁烟兰泣露,罗幕轻寒,燕子双飞去。明月不谙离恨苦,斜光到晓穿朱户。　　昨夜西风凋碧树,独上高楼,望尽天涯路。欲寄彩笺兼尺素,山长水阔知何处!

踏莎行

[宋]欧阳修

候馆梅残,溪桥柳细,草薰风

暖摇征辔。离愁渐远渐无穷,迢迢不断如春水。　寸寸柔肠,盈盈粉泪,楼高莫近危阑倚。平芜尽处是春山,行人更在春山外。

蝶恋花

[宋]苏　轼

花褪残红青杏小。燕子飞时,绿水人家绕。枝上柳绵吹又少,天涯何处无芳草!　墙里秋千墙外道。墙外行人,墙里佳人笑。笑渐不闻声渐悄,多情却被无情恼。

苏幕遮

[宋]范仲淹

碧云天,黄叶地,秋色连波,波上寒烟翠。山映斜阳天接水,芳草无情,更在斜阳外。　黯乡魂,追旅思,夜夜除非,好梦留人睡。

明月楼高休独倚。酒入愁肠,化作相思泪。

定风波

三月七日沙湖道中遇雨。雨具先去,同行皆狼狈,余独不觉。已而遂晴,故作此。

[宋]苏 轼

莫听穿林打叶声,何妨吟啸且徐行。竹杖芒鞋轻胜马,谁怕?一蓑烟雨任平生。　料峭春风吹酒醒,微冷,山头斜照却相迎。回首向来萧瑟处,归去,也无风雨也无晴。

江城子·密州出猎

[宋]苏 轼

老夫聊发少年狂,左牵黄,右擎苍,锦帽貂裘,千骑卷平冈。为报倾城随太守,亲射虎,看孙郎。　酒酣胸胆尚开张,鬓微霜,又何妨。持节云中,何日遣冯唐?会挽雕弓如满月,西北望,射天狼。

江城子 乙卯正月二十日夜记梦　　[宋]苏　轼

十年生死两茫茫。不思量,自难忘。千里孤坟,无处话凄凉。纵使相逢应不识,尘满面,鬓如霜。　夜来幽梦忽还乡,小轩窗,正梳妆。相顾无言,惟有泪千行。料得年年肠断处:明月夜,短松冈。

临江仙　　[宋]晏几道

梦后楼台高锁,酒醒帘幕低垂。去年春恨却来时。落花人独立,微雨燕双飞。　记得小蘋初见,两重心字罗衣。琵琶弦上说相思。当时明月在,曾照彩云归。

鹧鸪天　　[宋]晏几道

彩袖殷勤捧玉钟,当年拚却醉

颜红。舞低杨柳楼心月,歌尽桃花扇影风。从别后,忆相逢,几回魂梦与君同?今宵剩把银红照,犹恐相逢是梦中。

关雎

诗经

关关雎鸠,在河之洲。窈窕淑女,君子好逑。参差荇菜,左右流之。窈窕淑女,寤寐求之。求之不得,寤寐思服。悠哉悠哉,辗转反侧。参差荇菜,左右采之。窈窕淑女,琴瑟友之。参差荇菜,左右芼之。窈窕淑女,钟鼓乐之。

蒹葭

诗经

蒹葭苍苍,白露为霜。所谓伊人,在水一方。溯洄从之,道阻且长;溯游从之,宛在水中央。蒹葭萋萋,白露未晞。所谓伊人,在水之湄。溯洄从之,道阻且跻;溯游从之,宛在水中坻。蒹葭采采,白露未已。所谓伊人,在水之涘。溯洄从之,道阻且右;溯游从之,宛在水中沚。

鹤　鸣

诗经

鹤鸣于九皋,声闻于野。鱼潜在渊,或在于渚。乐彼之园,爰有树檀,其下维萚。它山之石,可以为错。鹤鸣于九皋,声闻于天。鱼在于渚,或潜在渊。乐彼之园,爰有树檀,其下维榖。它山之石,可以攻玉。

短歌行

[三国]曹 操

对酒当歌,人生几何!譬如朝露,去日苦多。慨当以慷,忧思难忘。何以解忧?唯有杜康。青青子衿,悠悠我心。但为君故,沉吟至今。呦呦鹿鸣,食野之苹。我有嘉宾,鼓瑟吹笙。明明如月,何时可掇?忧从中来,不可断绝。越陌度阡,枉用相存。契阔谈䜩,心念旧恩。月明星稀,乌鹊南飞。绕树三匝,何枝可依?山不厌高,海不厌深。周公吐哺,天下归心。

离骚(节选)

[战国]屈 原

帝高阳之苗裔兮,朕皇考曰伯庸。摄提贞于孟陬兮,惟庚寅吾以降。皇览揆余初度兮,肇锡余以嘉名。名余曰正则兮,字余曰灵均。纷吾既有此内美兮,又重之以修能。扈江离与辟芷兮,纫秋兰以为佩。汩余若将不及兮,恐年岁之不吾与。朝搴阰之木兰兮,夕揽洲之宿莽。日月忽其不淹兮,春与秋其代序。惟草木之零落兮,恐美人之迟暮。不抚壮而弃秽兮,何不改乎此度?乘骐骥以驰骋兮,来吾道夫先路!

菩萨蛮
[唐]温庭筠

小山重叠金明灭,鬓云欲度香腮雪。懒起画蛾眉,弄妆梳洗迟。照花前后镜,花面交相映。新贴绣罗襦,双双金鹧鸪。

诗词·美文

诗歌散文

你总有爱我的一天　　［英］罗伯特·勃朗宁

你总有爱我的一天！
我能等着你的爱慢慢地长大。
你手里提的那把花，
不也是四月下的种子，六月开的吗？
我如今种下满心窝的种子，
至少总有一两粒生根发芽，
开的花是你不要采的——
不是爱，也许是一点喜欢吧。
我坟前开的一朵紫罗兰——
爱的遗迹——你总会瞧他一眼；
你那一眼吗？抵得我千般苦恼了。
死算什么？你总有爱我的一天。

假如生活欺骗了你
[俄]普希金

假如生活欺骗了你，

不要伤心，也不要生气！

在不幸的日子里别焦急；

相信吧，愉快的一天正等待着你。

心儿，向往着未来，

纵使眼前令人气馁，

但这是一瞬间，一切都会过去，

而那过去了的，你将感到亲切。

夕 阳
[美]桑德堡

有一种低声道别的夕阳。

往往是短促的黄昏，替星星铺路。

它们均匀地驶过草原和海的边缘，

睡眠是安稳的。

有一种舞着告别的夕阳。

它们把围巾一半投向圆穹，
于是投上圆穹，投过圆穹。
耳朵边挂着丝绢，腰间飘着缎带，
舞着，舞着跟你道别。睡眠时
微微转侧，因为做着梦。

这个世界是那么大 [匈牙利]裴多菲

这个世界是那么大，
你却那么小，我亲爱的；
可是，如果你属于我了，
就用世界来交换，我也不愿意！
你是太阳，我却是黑夜，
充满了无边的黑暗；
可是，如果我们的心融合了，
美丽的曙光就照耀在我上面！
不要望我，低下你的眼睛——

不然我的灵魂要烧毁了!
可是,你既然并不爱我,
那么就让这可怜的灵魂烧掉!

一 笑
　　　　　　　　　　　　　　胡 适

十几年前,
一个人对我笑了一笑。
我当时不懂得什么,
只觉得他笑的很好。
那个人后来不知怎样了,
只是他那一笑还在:
我不但忘不了它,
还觉得它越久越可爱。
我借它做了许多情诗,
我替他想出种种境地:
有的人读了伤心,

有的人读了欢喜。

欢喜也罢，伤心也罢，

其实只是那一笑。

我也许不会再见着那笑的人，

但我很感谢他笑的真好。

第一次的茉莉

[印]泰戈尔

呵，这些茉莉花，这些白的茉莉花！

我似乎忆起我第一次双手满捧着这些茉莉花，这些白的茉莉花的时候。

我喜欢那日光，那天空，那绿色的大地；

我听见那河水淙净的流声，在黑漆的午夜里传过来；

我看见那秋天的夕阳，在荒野的路角，映照在我的身上，如新妇揭起她的面网迎接她的爱人。

但我想起孩提时第一次捧在手里的白茉莉，心里还感着甜蜜的回忆。

我生平有过许多快活的日子，在宴会的晚上，我曾跟着说笑话的人大笑。

在灰暗的雨天的早晨，我吟哦着许多飘逸的诗篇。

我颈上戴过爱人手织的夜晚的醉花的花圈。

但我想起孩提时第一次捧在手里的白茉莉，心里还感着甜蜜的回忆。

春

[黎巴嫩]纪伯伦

来吧,我心爱的姑娘!让我们在高坡上徜徉。冰雪已经消融,生命已经苏醒,在河谷里、山坡上巡行。和我一起走吧!让我们追随春天的足迹,在广袤的田野里漫步。来吧!让我们爬上山冈,眺望四周原野上碧绿的波涛。

啊!春的黎明,已经展开了冬夜折起的霓裳。桃树,苹果树,都已披上了盛装,显得像是命运之夜的新娘。葡萄已经醒来,枝蔓依偎缠绕,像热恋的人儿一样。岩石间,溪水涓涓流过,把欢乐的歌儿反复吟唱。恰似大海中飞溅出泡沫,鲜花从大自然的心中绽裂怒放。

来吧!让我们从水仙的花萼中饮吮雨水残留的小珠,让我们的心田响彻鸟儿欢乐的歌唱,让我们吮吸熏风的芳香。让我们坐在那块背后藏着紫罗兰的岩石旁,让我们互相亲吻。

夏

[黎巴嫩]纪伯伦

来吧,咱们到田野去,我的心上人!收获的日子已经来临。庄稼丰收在望,使它成熟的是太阳对大自然的爱恋所发出的热量。来吧!别让鸟雀赶在前面,夺去我们辛劳的硕果;别让蚁群赶在前面,毁掉我们的土地。快来吧！让我们撷取大地的硕果，正如爱情在我们的心田深处播下忠诚的种子以后，心灵将撷取幸福的硕果一样。让我们在谷仓里装满大自然的物产，恰如生活把我们感情的仓库装满。

快来吧，我的女友！让我们以草地为芦席，将蓝天作锦被，头枕一捆柔软的干草，在一天劳动后小憩，聆听河谷里淙淙流水的细语。

藕与莼菜（节选）

叶圣陶

因为想起藕，又联想到莼菜。在故乡的春天，几乎天天吃莼菜，它本来没有味道，味道全在于好的汤。但这样嫩绿的颜色与丰富的诗意，无味之味真是令人心醉呢。在每条街弯的小河里，石埠头总歇着一两条没篷船，满舱盛着莼菜，是从太湖里捞来的。像这样地取求很便，当然能得日餐一碗了。

而在这里又不然；非上馆子，就难以吃到这东西。我们当然不上馆子，偶然有一两回去叨扰朋友的酒席，恰又不是莼菜上市的时候，所以今年竟不曾吃过。直到最近，伯祥的杭州亲戚来了，送他几瓶装瓶的西湖莼菜，他送我一瓶，我才算也尝了新了。

向来不恋故乡的我，想到这里，觉得故乡可爱极了。

华夏万卷 · 让人人写好字

好范字 HAO FAN ZI

华夏万卷
签约国内当代书法大家，
书写漂亮规范字。
老师高度不同，效果自然不同。

（卢中南、田英章、吴玉生）

好方法 HAO FANG FA

华夏万卷
引领有效练字形式及技巧的发明与创新。
蒙纸、非蒙纸、凹槽、教学视频等应有尽有。

好效果 HAO XIAO GUO

华夏万卷
提供的书法字帖，
让数以亿计的练字者提高了自身
写字水平和书法艺术审美能力。

吴玉生 WU YU SHENG

著名书法家、书法教育家，擅长楷书和行楷。全国九年制义务教育《写字》课本规范字书写人，国家语委"汉字行楷手写字形"科研课题顾问及字形样本书写人，《语文报》手写版编委。全国首届"文明杯"书法大赛唯一特等奖获得者。

吴玉生先生禀性淡泊，笔下自有清逸之气，隽雅拔俗，其字堪为当今书坛硬笔行楷之典范。更难能可贵者，他始终以书法教育为己任，不但出版有数百种书法教材和字帖，还常年在中央电视台举办硬笔书法讲座，惠及广大书法爱好者。2008年10月获得中国教育学会书法专业委员会授予的"全国书法教育突出贡献奖"。

魏魏交大　百年书香
www.jiaodapress.com.cn
bookinfo@sjtu.edu.cn

责任编辑：赵利润　徐佩佩
封面设计：徐　洋　周　喆

笔墨華夏萬卷千里

建议上架：文教类
ISBN 978-7-313-17114-6
全套定价：35.00元

华夏万卷
让人人写好字

吴玉生 书
标准行楷 规范书写人

行楷

30天
练字计划本

让练字更有效率

人人写好字　行楷一本通

上海交通大学出版社

我的练字日历

一月
01 02 03 04 05 06 07
08 09 10 11 12 13 14
15 16 17 18 19 20 21
22 23 24 25 26 27 28
29 30 31

二月
01 02 03 04 05 06 07
08 09 10 11 12 13 14
15 16 17 18 19 20 21
22 23 24 25 26 27 28

三月
01 02 03 04 05 06 07
08 09 10 11 12 13 14
15 16 17 18 19 20 21
22 23 24 25 26 27 28
29 30 31

四月
01 02 03 04 05 06 07
08 09 10 11 12 13 14
15 16 17 18 19 20 21
22 23 24 25 26 27 28
29 30

五月
01 02 03 04 05 06 07
08 09 10 11 12 13 14
15 16 17 18 19 20 21
22 23 24 25 26 27 28
29 30 31

六月
01 02 03 04 05 06 07
08 09 10 11 12 13 14
15 16 17 18 19 20 21
22 23 24 25 26 27 28
29 30

圈出那些你与笔为伴的欢乐时光吧!(本书请配合教程一起使用)

_____月_____日 用时_____分钟 评分_____

第1天　　写好不同位置的点

笔画练习

丶　　　　　　　乛
一　　　　　　　⺄

例字练习（请把写得好的字用红笔圈出来）

小
办
主
衣
术
甚
冬
前

自主练习

30天练字计划本

第2天　横应略左低右高

笔画练习

一　　　　　　乙
一　　　　　　三

例字练习（请把写得好的字用红笔圈出来）

一
工
元
上
者
毛
重
羊
寿

自主练习

第3天　竖要挺拔有力

笔画练习: 丨 丨　　　亅 丿丨

例字练习（请把写得好的字用红笔圈出来）: 中 不 仁 待 则 到 川 训

自主练习

第4天　撇画略有弧度

笔画练习

丿　丿

例字练习（请把写得好的字用红笔圈出来）

生 月 今 后 往 很 彤 须

自主练习

第5天

捺粗细分明，提锋尖俏

月___日___用时___分钟 评分___

笔画练习

丶 一 丿

例字练习（请把写得好的字用红笔圈出来）

人 又 大 之 边 辰 食 习

自主练习

30天练字计划本

第6天 钩须短小有力

笔画练习

一 亅 乀 丶

例字练习（请把写得好的字用红笔圈出来）

冗 水 我 戈 心 思 子 学

自主练习

第7天　折画有方有圆

笔画练习

㇆　㇄

例字练习（请把写得好的字用红笔圈出来）

回
山
断
云
幺
司
儿
也

自主练习

30天练字计划本

第8天 重要的组合笔画

笔画练习

丿乙　　　飞　与

例字练习（请把写得好的字用红笔圈出来）

女
乃
九
乙
飞
气
与
鸟

自主练习

第9天 连写符号（一）

笔画练习

例字练习（请把写得好的字用红笔圈出来）

永 雨 仪 板 囟 伟 拍 孙

自主练习

第10天 连写符号（二）

笔画练习

丿 刂 习 虫 乏

例字练习（请把写得好的字用红笔圈出来）

奈 寺 约 灼 玉 至 走 足

自主练习

第11天 形态短小的左偏旁（一）

偏旁练习

氵
讠

例字练习（请把写得好的字用红笔圈出来）

冲
凉
活
海
讨
话
吹
冰

自主练习

第12天 形态短小的左偏旁（二）

偏旁练习

口　　　　　　田
日　　　　　　石

例字练习（请把写得好的字用红笔圈出来）

吃
旺
时
眨
眼
略
砍
破

自主练习

第13天　形态短小的左偏旁（三）

偏旁练习

工				王			
土				山			

例字练习（请把写得好的字用红笔圈出来）

攻
埋
垃
理
屹
峡
功
泠

自主练习

第14天 形态窄长的左偏旁（一）

偏旁练习

亻 　 　 　 　 　 忄 牜

例字练习（请把写得好的字用红笔圈出来）

信
住
往
得
惊
指
挑
物

自主练习

第15天　形态窄长的左偏旁（二）

偏旁练习

扌 扌　　　衤 衤

例字练习（请把写得好的字用红笔圈出来）

材
树
私
粗
社
祥
初
被

自主练习

第16天 形态窄长的左偏旁（三）

偏旁练习

月　　　　　　　ヲ
孑　　　　　　　孑

例字练习（请把写得好的字用红笔圈出来）

肺
肥
孔
残
殊
弥
肛
忙

自主练习

第17天 形态窄长的左偏旁（四）

偏旁练习

| 火 | | | | | 足 | | | | |
| 虫 | | | | | 矢 | | | | |

例字练习（请把写得好的字用红笔圈出来）

炸
炮
虹
蚂
路
跳
短
取

自主练习

第18天 左右等高的左偏旁

偏旁练习

钅 飠 犭 阝

例字练习（请把写得好的字用红笔圈出来）

钓
铁
饮
饱
狂
狼
帖
队

自主练习

第19天 　　　　　左右相等的左偏旁（一）

偏旁练习：角　马　车　酉

例字练习（请把写得好的字用红笔圈出来）：解　触　软　转　驼　骆　醋　龄

自主练习

第20天 左右相等的左偏旁（二）

偏旁练习

舟 女 身
舯 鱼

例字练习（请把写得好的字用红笔圈出来）

航
勒
鞋
妈
奶
鱿
射
躬

自主练习

第21天　左宽右窄的右偏旁

偏旁练习

阝卩　　　　　　丨

例字练习（请把写得好的字用红笔圈出来）

哪
印
卸
别
到
郭
即
却

自主练习

第22天　左右相等的右偏旁

偏旁练习

欠　　　　　殳　　　　　鸟
殳　　　　　页

例字练习（请把写得好的字用红笔圈出来）

欲
故
教
段
顶
颜
鹊
鸭

自主练习

第23天 宝盖类字头

偏旁练习

亠
宀

例字练习（请把写得好的字用红笔圈出来）

家
写
军
寇
完
官
空
命

自主练习

第24天　天覆结构的字头

偏旁练习：人大　八丷　夫

例字练习（请把写得好的字用红笔圈出来）：舍　令　夸　夺　分　斧　爷　春

自主练习

第25天　　上窄下宽的字头

偏旁练习

| 曰 | | | | | ⺮ | | |
| 宀 | | | | | 艹 | | |

例字练习（请把写得好的字用红笔圈出来）

昆
昊
孚
妄
等
芳
易
觅

自主练习

第26天 左上包的字头

偏旁练习

厂 广

户 疒

例字练习（请把写得好的字用红笔圈出来）

原
唐
床
房
疟
疾
局
虎

自主练习

第27天 上窄下宽的字底

偏旁练习: 灬 皿　　心 水

例字练习（请把写得好的字用红笔圈出来）:
焦 盂 忘 息 承 泉 委 朵

自主练习

第28天　左下包的字底

偏旁练习

辶　　　　　　　　廴

例字练习（请把写得好的字用红笔圈出来）

走
追
边
建
廷
赵
赴
速
匙

自主练习

第29天　左包右、右上包和下包上的字框

偏旁练习

匚　　　　　勹
凵

例字练习（请把写得好的字用红笔圈出来）

匠
区
医
勺
凶
函
旬
画

自主练习

第30天 上包下和全包围的字框

偏旁练习

门 冂

例字练习（请把写得好的字用红笔圈出来）

闪 周 同 国 冈 闻 风 囡

自主练习

作品练习

水陆草木之花，可爱者甚蕃。晋陶渊明独爱菊。自李唐来，世人甚爱牡丹。予独爱莲之出淤泥而不染，濯清涟而不妖，中通外直，不蔓不枝，香远益清，亭亭净植，可远观而不可亵玩焉。予谓菊，花之隐逸者也；牡丹，花之富贵者也；莲，花之君子者也。噫！菊之爱，陶后鲜有闻。莲之爱，同予者何人？牡丹之爱，宜乎众矣。

周敦颐爱莲说 癸未年夏 吴玉生书

_____月_____日 用时_____分钟 评分_____

My Writing Calendar

七　月

01 02 03 04 05 06 07
08 09 10 11 12 13 14
15 16 17 18 19 20 21
22 23 24 25 26 27 28
29 30 31

八　月

01 02 03 04 05 06 07
08 09 10 11 12 13 14
15 16 17 18 19 20 21
22 23 24 25 26 27 28
29 30 31

九　月

01 02 03 04 05 06 07
08 09 10 11 12 13 14
15 16 17 18 19 20 21
22 23 24 25 26 27 28
29 30

十　月

01 02 03 04 05 06 07
08 09 10 11 12 13 14
15 16 17 18 19 20 21
22 23 24 25 26 27 28
29 30 31

十一月

01 02 03 04 05 06 07
08 09 10 11 12 13 14
15 16 17 18 19 20 21
22 23 24 25 26 27 28
29 30

十二月

01 02 03 04 05 06 07
08 09 10 11 12 13 14
15 16 17 18 19 20 21
22 23 24 25 26 27 28
29 30 31

赠品

华夏万卷
让人人写好字

人人写好字　行楷一本通

行楷标准教程

破除"写了很多字还是写不好字"的魔咒

吴玉生 书

扫二维码看书写示范视频

48个笔画 + 83个偏旁 + 40种结构

上海交通大学出版社

华夏万卷 增值服务
VALUE-ADDED SERVICE

华夏万卷始终秉承"让人人写好字"的使命追求，以品质卓越的字帖为价值主体，搭载练字学习交流社群、视频教学、练字辅导工具、在线答疑等服务，为数以亿计的练字者提供一站式解决方案。

敢为人先，勇于担当，华夏万卷不忘传承书法文化的初心，通过"华夏万卷杯""人人写好字"等大型书法赛事和公益赠书、公益书法讲座等活动，力求让每个人都能写一手好字。

关注"华夏万卷"微信公众号，了解详情。

交流社群　视频教学　练字辅导　在线答疑

扫码关注"华夏万卷"
获取更多学习资源

二十多年来，华夏万卷一直致力于传播书法文化和推广书法教育。对于书法普及教育中最重要一环的教师群体，华夏万卷始终给予全力支持。为此我们积极创新，打造了"练字帮"在线学习平台。该平台为全国中小学教师和学生提供直播教学、教学资源下载、练字打卡、作业点评、优秀作品展示等服务，同时也向广大练字爱好者开放。

关注"练字帮"微信公众号，了解详情。

直播教学　教学资源　练字打卡　作业点评　优秀作品

扫码关注"练字帮"
加入万人练字学习交流平台

让人人写好字　WWW.SCWJ.NET

第 1 课　准备课

扫码看视频

❓ 新人练行楷最难的是什么？

当然是笔顺！复杂的行楷该从哪儿下笔呢？

几乎所有的初学者学写行楷时，都会遇到这个问题。行楷里的简省笔画、牵丝连带，让人无从下笔，有的读者甚至临摹了很久范字也没有弄清楚过。这本书里，我们着重针对这个问题，把所有范字逐一拆分，展示详细的书写顺序，再加上吴玉生老师的书写示范视频，让新手也能一目了然，快速上手。

> 注：为了让读者更清楚地了解行楷的笔画走势，本书有时将一笔连写而成的笔画分解成几笔展示给读者，而对于某些笔顺比较清楚的笔画并未一一展示。

行楷标准教程

❓ 我想在透明纸上蒙着写，这本书为啥没有？

谁说没有？书内赠送了透明描摹纸，描、摹、临，本书应有尽有！

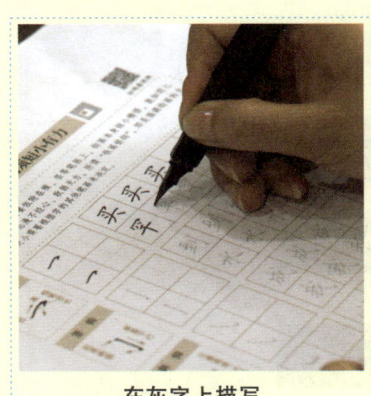

| 在灰字上描写 | 在透明纸上摹写 | 在空白格子里临写 |

"临书易失古人位置，而多得古人笔意；摹书易得古人位置，而多失古人笔意。""描摹临"结合才能写好字，太依赖在透明纸上摹写，进步反而慢。

什么样的纸张或练字本适合练字？

高手无所谓，小白还是从米字格或田字格开始练字吧！

一般来说，用硬笔书写对纸张的要求并不高，日常练习用70g左右的书写纸就可以了。书写用纸的要求是厚度适中，纸质细腻，不渗墨，吸墨性能好，书写时有一定的阻力，手感良好为佳。

对于新手来说，在什么格子里练字反而比较重要。米字格和田字格就像拐杖，在初学阶段是很有帮助的。再慢慢过渡到方格、横线格，到最后能在空白纸上写成一幅作品，这是一个循序渐进的过程。

练字本推荐：

用什么样的笔练字比较好？笔尖选多粗的才合适？

喜欢什么笔就用什么笔。
我们常见的练字用笔有钢笔、中性笔、铅笔等。

无论是写字还是画画,熟能生巧以后,对技法、材料的障碍就会越来越少,表达越来越自由。练字不一定非得选用钢笔,也不用在乎其价钱是否昂贵,很多书法大师们也常常用最普通的中性笔来写作品。

不过,钢笔确实是最适合练习硬笔字的工具之一。选购钢笔时,最好能先试写,如果笔尖不扎纸、不勾纸,说明笔尖圆滑;在转弯处线条粗细变化不突然,说明出水流畅;再提按试写,笔画有粗细变化,说明笔尖弹性好。

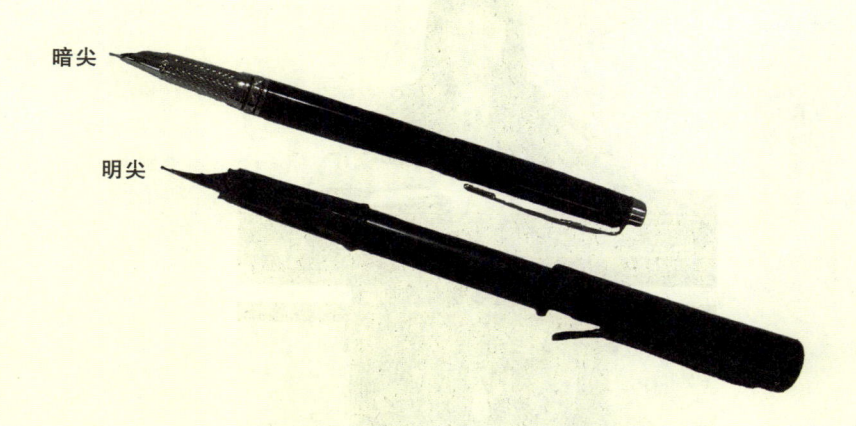

暗尖

明尖

钢笔的笔尖主要有明尖和暗尖两种类型,一般来说,明尖的钢笔笔尖弹性更好,也更粗一些,适合写大一点的字。暗尖的钢笔稍细,弹性不如明尖,适合写小一点的字。

最后,我们来看一下不同粗细笔尖的试写效果。

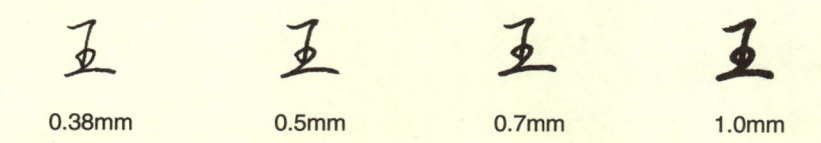

0.38mm 0.5mm 0.7mm 1.0mm

0.38mm 的笔尖太细,不容易表现出笔画的粗细变化;1.0mm 的笔尖太粗,对手的控制能力要求较高。所以初学者,一般选用 0.5mm 或 0.7mm 的笔练字为宜。国外生产的钢笔常常用 EF、F、M 等来划分笔尖的粗细。同样是 M 号,不同品牌笔尖粗细变化较大,要根据实际情况来选择,最好能先试写,看看是否得心应手。

? 写一会儿字,就腰疼手疼,是怎么回事?

多半是坐姿和握笔姿势不对。

头正
肩平
身直
臂开

足平

标准坐姿

标准执笔姿势分解图:

1. 四点执笔 　　2. 两指捏紧 　　3. 形如鸡蛋 　　4. 正确的握笔姿势

正确的书写坐姿、握笔姿势不仅保护视力,练字还能事半功倍哦!

第2课　写好不同位置的点

点是字中的最小零件，是笔画的基础，是一个字精神的体现。点因其所处位置不同而形态各异，应根据其在字中的位置和字形来决定其写法。左点和右点常常成对出现。鹰爪点在收笔处向左下方做萦带动作，呈鹰爪状，书写时要轻入轻出，出锋不能太多。横连点和纵连点要一气呵成，可虚连可实连。

左点　出锋不能太多　启带下一笔

右点　轻入笔　回锋收笔

鹰爪点　出锋不能太多　呈鹰爪状

横连点　两点连写呈游动状　类似横钩

纵连点　上下直连写　末点回笔

新手第一问练字

可以不练楷书，直接练行楷吗？

答：时间不够，只是想把字写得稍微好些的人，可以直接练行楷，但还是要从行楷的基本笔画开始练。如果有时间又不急于求成的话，建议先从楷书练起，有了楷书基础，再练其他书体要容易很多。写好了楷书再写行楷就很容易，反之却不行。另外，基础不错的习字者，要真想把行楷写好，借鉴一些草书的笔法是很有裨益的。

第3课　横应略左低右高

横画的书写要注意不能绝对的水平，要略为左低右高，与水平线呈一夹角。但应该注意的是，横画只是稍微地右上斜，不可太过夸张。在行楷中，短横有时和点画通用，如此就可以不使短横占太多的位置，使可以飘扬起来的笔画尽量有一个发挥的空间。书写连横时，笔画间多有丝连回锋，但不可写得太粗或太重。

长横 收笔重按

短横 轻起笔 行笔短

附钩横 左低右高呈斜势 横末出锋

两连横 不可游丝过轻重飘 行笔连带自然

三连横 游丝连带 三横等距 中横最短

第二问 新手练字

行楷笔画和楷书笔画形态一样吗？

答：楷书笔画，特别是一些行笔距离较长的长横、长竖、长捺，均要求书写到位；方折笔画，要求有一定的顿挫。而书写行楷，为了节省时间，则可把楷书中的长笔画简化，缩短行笔距离，将一些方折笔画用弧线表现出来，或者将相邻的笔画连写，以减少起笔、收笔的频率。

员 楷书
↓
员 行楷

第4课　竖要挺拔有力

竖直并非绝对的垂直，而是指竖要写得挺拔有力。垂露竖不一定垂直，一般在哪一侧则向哪一侧微倾；而悬针竖一定都是垂直的，整体上粗下尖，末端出锋。右钩竖常在字的左侧，因连带右部笔画自然形成，出钩启右，意连下笔。连竖的牵丝过渡一定要轻，三连竖的前两竖可用点代替，三竖可断可连。

悬针竖　上端粗，下端细　垂直向下　尾尖

垂露竖　稍顿起笔　呈露珠状　垂直下行

右钩竖　出钩迅速　萦带右部

两连竖　短，有时以点代替　长，一般为悬针竖

三连竖　左两竖可用点代替　悬针竖

行楷标准教程

第三问　新手练字

行楷字的有些笔画被省略简化了，简省笔画有什么规律？

答：简省笔画可以让书写更方便快捷，字形生动多变。但也要遵循一定规律，以字形结构易认、易写为前提，不能任意简省笔画。行楷中常常以点等形体较小的笔画代替形体较大的笔画，如以点代横、以点代撇、以点代捺等。

楷书　行楷
利　利
以点代竖

第5课　撇画略有弧度

撇画不好写，难在直中有弯。短撇有两种，一种是在字的左侧，一种是在字的字头，它们写法一致，但是方向不同；竖撇多位于字的左部或中部，上半部形同竖画，下半部弯曲出尖。行楷字中，有些撇写得开阔夸张，在收笔处向上回带出钩，但要注意回钩的大小适度。两连撇的第一撇要收敛，第二撇伸长。在书写三连撇时应遵循上紧下松的结构特点。

短撇　短小有力　角度根据所在位置而定

竖撇　先写竖　可带回锋轻轻撇出

附钩撇　撇长，微有弧度　收笔作回钩状

两连撇　短　长，微带回锋　连接处转折自然

三连撇　三撇连写　末撇舒展

新手练字第四问

开始学行楷，最头痛的就是连笔，什么叫虚连？什么叫实连？

答：牵丝连带是行楷最显著的特点，也是初学者觉得最难掌握的。虚连法：笔画之间不相连，却有连带之势，简单地说就是笔断意连。实连法：笔画之间相连，但切忌笔笔相连。

虚连：意连右部　实连：一笔写成

第6课　捺粗细分明，提锋尖俏

斜捺，运笔由细到粗，至末端顿笔后向右平出。平捺一波三折，轻入笔，向上拱起后向右下方行笔，顿笔出锋。反捺实际就是一个长点，根据字当中的字态，反捺的方向要有所变化。在行楷里面，撇捺交叉，当撇比较开张时，捺既可以用斜捺，又可以用反捺。提画根据长短可以分为长提和短提，其长短与其所在位置有关。

斜　捺
注意角度　捺身舒展　约45°

平　捺
弯度平缓　一波三折　注意方向

反　捺
行笔快捷　略带弧度　轻　重

长　提
起笔稍顿　转向提笔

行楷标准教程

新手练字 第五问

行楷的笔顺与楷书一样吗？

答：书写楷书，要遵循"先横后竖、先撇后捺、先内后外"等笔顺规则；而书写行楷，为了连写的便捷，有时可适当改变楷书的笔顺，但不可生造笔顺。下面我们学习一下行楷中常用的笔顺规则。

先竖后横
楷书先横后竖，行楷则改成先竖后横，如"圣"。

先撇后折
楷书先写横折折折钩再写撇，行楷则先撇（经常写成附钩撇），如"乃"。

先撇后横
楷书先写横后写撇。行楷则先撇，再勾出向右上连写短横，如"成"。

先竖后点
楷书先写上下点再写竖，行楷则先写向左倾斜的竖，再写"2字符"，如"状"。

第7课　钩须短小有力

钩并不是独立的笔画，它需要依附在横、竖等笔画上。行楷中，横钩的转角处，不必像楷书一样严谨，但要写得坚实有力，钩身宜小。竖钩有两个地方很关键，一个是起笔，还有出钩的弹笔要干净利索。斜钩常作一字主笔，笔画舒展，直中有弯。卧钩出钩的角度要指向字的中心。弯钩的竖笔略有弧形，起笔收笔位置在一条直线上，不失重心。

横钩　形不宜大　略向上凸起

竖钩　起笔露尖　钩不宜长

斜钩　注意角度、方向　略带弧形　忌直行

卧钩　出钩向字心　钩身平卧

弯钩　注意重心　弯中有直

新手练字第六问

练习了一段时间，依然写不好连笔怎么办？

答：牵丝连带这个功夫不是一蹴而就的。如果觉得一直练习例字却没有突破的话，不妨在练字之外对线条连写作一个专门的训练，熟练才能生巧。

第8课　折画有方有圆

横折向右行笔，略扛肩，在行楷中，转折处可轻顿行笔，也可自然圆转行笔。竖折书写时转折处轻顿，当竖长折短时，如"巨"，竖要垂直。当竖短折长时，如"山"，竖稍稍向外张。撇折的撇与提衔接要自然，两者夹角角度要适中。横折钩横竖长短因字形而异，折处圆转自然，竖笔略内斜。竖弯钩的拐弯处一定要圆转，不然就成了"竖折钩"。

横折　转折处稍圆润

竖折　折角可圆可方　转折连贯

撇折　注意夹角

横折钩　自然圆润　内倾

竖弯钩　竖向下行　圆转向右　向上出钩

行楷标准教程

新手练字第七问

每天该写多少个字？每个字要写多少遍？

答：练字量不宜过大，每天练好5个字或者10个字，都是可以的。要把写好这些字作为练字目标，而不要总想着每天要把一个字练习多少遍。应该把容易写好的，写少些；难以写好的，写多些，合理分配精力。

第9课　重要的组合笔画

将横、竖、撇、折、钩、提这些基本笔画组合在一起，就构成了很多新的笔画。撇点两头粗，中间细，折角的角度根据需要进行适当调节，形稍左倾。横折折折钩的折角不宜大，折角多要多变化。横折弯钩是横与竖弯钩的组合，横折斜钩是横与弯度较大的斜钩的组合，注意二者的区别。竖折折钩要注意竖的倾斜角度。

撇点　注意角度　点宜长

横折折折钩　横画扛肩　末折圆转　出钩有力

横折弯钩　横画扛肩　直上出钩　折角不宜大

横折斜钩　横取斜势　出钩向上　弧度勿大

竖折折钩　折角圆转

新手练字第八问

离了透明临摹纸和描红就写不好字怎么办？

答：古人说："临书易失古人位置，而多得古人笔意；摹书易得古人位置，而多失古人笔意。"故此提倡"描摹临"相结合，描红和用透明纸摹写是为了帮助我们掌握字的"形"，好比刚学走路时的拐杖，迟早要丢了拐杖自己临写。许多初学者常常舍不得丢掉这个拐杖，自然离了拐杖就写不好字。有一位书法家曾经说过，谁想进步快就要临帖临得"狠"。

第10课　连写符号（一）

行楷中的简省和连笔都是有特定规律的，下面我们来学习一些连写符号。2字符常用于纵向两点或连横的快速书写。3字符常用于横画、点画的连写。正线结多用于撇捺连写，书写时要注意转角圆润。连折线运笔如同连横，第二笔呈弧线状。方线结多用于竖、竖钩和提等笔画相连写，连带时宜取捷径，呈三角形。

2字符 —— 行笔轻盈

3字符 —— 减省笔画可用此法

正线结 —— 常用于撇捺的连写；撇尾圆转写捺

连折线 —— 上下折笔相连；牵丝轻盈

方线结 —— 竖、提；转折呈三角形

第九问　新手练字

练字应该先从单字开始，还是从句子开始？

答：很多新手练字的时候拿起一篇文章就死劲抄，不思考不分析，只是埋头苦练。殊不知，这样只是在重复自己错误的书写方式。字好看不好看还得看单字，这是亘古不变的真理。无论大家的笔锋出得多好，整篇有多协调，只要你的单字不能让人一眼看过去舒服，你的字就不能算美观实用。所以，练字还是要从单字入手。

第11课　连写符号(二)

反线结常用于横与撇、横与斜钩或斜钩带点（撇）的连写，线结宜小，要注意撇或斜钩伸展，线结要呈三角形。蟹爪钩常用于竖钩带点的连写，钩的角度宜大一些，以便稳固重心。环行线写法与蟹爪钩接近，线形略圆，钩笔轻盈。土线结用于竖画带横连写，线结不宜太大。游动线多用于"走""是"的底部，写法与三连横相近，末笔用捺或反捺，因字而定。

反线结（线结不宜大　撇固伸展）

蟹爪钩（形似蟹爪　竖钩、点画连写）

环行线（转折处圆转自然）

土线结（牵丝游动　一笔连写）

游动线（撩画舒展　牵丝游动　一笔连写）

第十问　新手练字

新手练字用美工笔好吗？

答：很多新手为了追求笔画的粗细变化，一上来就用美工笔。这样实际有点舍本逐末，因为过分依赖工具，而忽略了对控笔能力的训练。其实选一支出水流畅的钢笔或中性笔就好，不用太贵，主要是顺手，培养你和它之间的默契度。只要能人笔合一，必能笔随意动。

第12课　形态短小的左偏旁(一)

两点水中的两点应右对齐在一条线上，上下两点要有顾盼之态；三点水应呈扇形排列，切忌三点写在一条直线上，且不宜过宽；言字旁横折提的横画左低右高，折角与点相对，宜窄宜长。前两个偏旁点与点之间不宜离得太远，言字旁的首点也不应离横画太远。

两点水　上小下大　位居左上

三点水　上下断开　三点呈扇形排列　下部连带

言字旁　点横相呼应　整体忌宽　提可稍长启右

左窄右宽　笔画少，宜小　左伸托上　捺为反捺

左偏旁笔画少，形态小，构成的字一般要写成左窄右宽。即左边要收敛不与右边争位，右边则要舒展，否则整个字就会过于宽扁，显得不协调。

第十一问　新手练字

新手适合练什么样的字帖？

答：一般我推荐有基础练习的字帖，就是有基本笔画、偏旁部首讲解，既可以直接描或用透明纸摹写，又可以对照临写的那种。新手练字不宜贪多，不适合一上来就按照字范的顺序逐个练。练字靠的是举一反三，不是靠量堆出来的。比如写好"永"字，基本笔画就没有问题了，就是这个道理。

第13课　形态短小的左偏旁（二）

口字旁，两竖内收，横折与末横常连写，外框上宽下窄，呈扁形。日字旁三横等距，上宽下窄，框内一横与封口横画相连。目字旁和日字旁差不多，框内两横可以写成连点，也可以断开。田字旁居字左时，应稍微靠上。石字旁横画连写长撇，"口"稍小，位居中上，横短撇长。

口字旁　形小不封口，略往右上倾　上宽下窄

日字旁　形小，居左上位　不封口

目字旁　内两横可断可连　常写作点

田字旁　中横短　上宽下稍窄　居左稍上

石字旁　横短撇长　形小

新手练字第十二问

一天练多长时间合适？

答：练字的关键在于持续用心地练习，而不在于时间的长短。时间充裕可以多练点，但以手不麻为前提。不要把练字变成抄字，不能写一次后半个月都不写。道理很简单，一口吃不成胖子，但胖子确确实实是一口一口吃出来的。

第14课　形态短小的左偏旁（三）

工字旁上横较短，与竖连写，末横变提，提画略长启右。土字旁横竖连写，竖与提可连可不连。王字旁有两种写法，一是横折加2字符，二是一笔写成，短横连土线结。山字旁中竖略长，末笔竖画可以减省为点，或者写成横笔向下回锋。

工字旁
形小　末横变提启右

土字旁
形且小　位居左上

王字旁
横画等距　底横变提启右

山字旁
形窄小　末竖简省回带

左短右长
功

左部形态较小靠上，右部笔画较多，要上下伸展，整体呈左短右长的形态。类似的偏旁还有口字旁、又字旁等。

第15课　形态窄长的左偏旁（一）

单立人短撇末端可带回钩，短竖末笔向右上提。双立人两撇连写，上撇短下撇长，垂露稍顿右上提笔出锋启右。竖心旁的书写顺序是先两点后中间，两点位于竖的中上部，相互呼应；竖末端出锋启右，左点略低于右点。提手旁可一笔写成，短横行至末端左上出锋连竖钩，钩再与提连写，提不宜长。牛字旁在行楷中写法与提手旁类似，撇短连横，整体要写得瘦长。

单立人　撇回锋　牵丝启右　整体总宽　撇长竖短

双立人　短长　整体总宽

竖心旁　注意两点呼应　带钩启右　整体瘦长

提手旁　上下一笔写成　整体瘦长　右齐

牛字旁　提画启右　一笔写成　整体瘦长

新手练字第十三问

一个字练多少遍合适？

答：练一个字一次最好不要超过十遍。你要是认认真真地读帖、比较、修改，有六遍就能写好了。即使写不好今天也不要再练了。因为反复用错误的方法写一个字，你其实是在强化错误。过段时间，再写这个字，你会发现比原先写得好，这就是练习潜移默化的作用。

第16课　形态窄长的左偏旁（二）

木字旁横画略左伸，撇捺简写为撇折以启右，横短竖长。禾木旁写短撇要平、快，竖出头宜短，与短撇呈相离之势。米字旁两点可断可连，由右点带出短横，撇捺改为撇折以启右。示字旁首点稍居右上，横折的转折处位于点的下方，注意撇折的大小和夹角，末笔意连右部笔画。在行楷中，衣字旁与示字旁的写法可通用。

木字旁
横短竖长　竖作垂露　撇捺改撇　折以启右

禾木旁
撇捺变撇折　竖作垂露　整体忌宽

米字旁
撇折启右　撇捺改为　右齐

示字旁
由点、横折、撇折组成　改变笔顺

衣字旁
在行楷字中衣字旁与示字旁写法相同

新手练字第十四问

年龄大了，字体定型了，还能练字么？

答：这个我可以负责任地告诉你，年龄不是问题，没有练不好的字，只有不努力的人。只要你肯用心，错误的书写习惯也是可以强制矫正的。当然，在形成书写习惯前，练字是最容易的。

第17课　形态窄长的左偏旁（三）

月字旁形长，竖撇末端可回锋，横折钩出钩意连内部的短横，内部两短横可用2字符连写。"子"字作左旁时，横变提，弯钩出钩后连提，一笔写成。歹字旁前三笔连写，末撇向左下舒展，整体左低右高。弓字旁身形宜窄，折画较多，注意变化处理，转折处可顿笔形成方折，也可圆转，顺势行笔。上紧下松，有多个斜向笔画，注意重心。

月字旁 —— 后三笔连写　形窄长

子字旁 —— 不宜太宽　末横变提启右　夹角适当　一笔写成

歹字旁 —— 整体瘦长　前三笔连写　末点不出头

弓字旁 —— 修长　钩笔圆润自然　折画较多，注意变化

左长右短 —— 肛

月字旁、提手旁等偏旁的字，左部形态窄长，呈上下伸展之势，如果右部以左右伸展的笔画为主，一般要写得左长右短。

第18课　形态窄长的左偏旁（四）

火字旁左右两点相顾盼，呈左低右高之势，撇画要稍微伸展，末笔变点让右。虫字旁"口"形扁小，略上仰，竖末直接转笔写提，最后写点。足字旁"口"形稍小，下部可简化草写。矢字旁短撇不出锋，连写两短横。耳字旁框内两横变点，可与下横连写，下横变提，右不出头。

火字旁 — 撇弧意较大，捺变为点，注意笔顺

虫字旁 — 形小，提宜长

足字旁 — 形小紧凑，下部草写

矢字旁 — 前四笔连写，此横稍长，右齐

耳字旁 — 形窄，内部两横变点，附钩竖，也可垂露竖

新手练字第十五问

市面上字帖那么多，选谁的字比较好？

答：练字是个人的兴趣爱好，喜欢谁的就练谁的。但要注意一点，要挑选功底深厚的范字，争取练到与之分毫不差。不要一味追求写字风格，一竖故意写成圈，一横故意拉老长……这些都不是风格，而是烂习惯。还有就是不要见异思迁，今天学张三明天学李四，这样谁的字都练不好。

行楷标准教程

第19课　左右等高的左偏旁

本课所学偏旁形态瘦长，常常要和右部写得差不多高。金字旁撇画稍长，撇末回锋，再从撇上部起笔写横，下两横连写，竖提要写得轻盈。食字旁短撇不出锋转向右写短横钩，钩末顺势写竖提。反犬旁两撇指向不一，弯钩自然，弯钩弧度不可太大，钩尖向上。巾字旁框形不宜大，中竖要写得高而长。左耳旁"耳廓"稍小，横撇弯钩上大下小，竖末常回锋。

金字旁　撇长，横短，有时以点代替，一笔写成

食字旁　字头不宜大，注意与右部的衔接，出提有力

反犬旁　曲头，指向不一，不出头，弯钩自然

巾字旁　竖居中，垂露竖稍长，转框稍小，转折圆润

左耳旁　耳小，断开，竖短，带钩尼右

新手练字第十六问

练单字太枯燥了，有没有什么好办法？

答：笔者分享一个自己练字的经验：1. 写一个自己最喜欢的句子，不要太长。2. 在常用字范里，找到相应的范字，把它们剪下来，贴到田字格本里，对比分析自己的不足。3. 将字分解，通过观看视频和学习教程，了解其包含的笔画、偏旁、结构的书写技巧。4. 在田字格本里对比范字反复练习，每次练习都标上日期。日积月累，看着自己一天天地进步，是不是很有成就感？

第20课 左右相等的左偏旁（一）

本课偏旁构成的字常常要写成高度大致平齐，宽度大致相等。角字旁整体宜窄长，中间两横要短，中竖不可太长。车字旁短横上挑写斜竖折，再挑笔后向下写竖画，竖末出钩折笔连写提画。马字旁横向笔画较短，给右部留出足够空间，下横变提。酉字旁内部笔画稍靠上，整体宜紧凑，不宜写得太宽。齿字旁右部对齐，末笔竖画可简省回带。

角字旁 — 头宜小，内部两横宜短，形窄长

车字旁 — 整体忌宽，一笔写成，提画让右

马字旁 — 后两笔可连写，整体宜瘦长

酉字旁 — 横短，整体紧凑

齿字旁 — 右齐，末竖可简省回带，形稍窄

新手练字第十七问

字在田字格中写多大合适啊？

答：字要写在田字格中央，约为格子三分之二大小。字的中心要在横向一条线上，这样字才会整齐好看。把字写得太大或太小，一会偏上或一会偏下，一会偏左或一会偏右，整篇字看起来就会很不整齐。

第21课　左右相等的左偏旁（二）

舟字旁中间一横不要穿过右边的竖画，竖钩形直，两点可连写。革字旁上紧下松，字头的两竖左低右高，"口"形扁小，改变笔顺，先竖后横，可连带。女字旁横画左伸右缩，以让右部，重心要稳，形体勿宽。鱼字旁字头稍小，"田"字稍扁，下横变提以启右部。身字旁整体瘦长，末横右不出头，中间两横可变为点画。

舟字旁
左右基本相等
横画不出头
右左伸

舟 / 航

革字旁
左右基本相等
头不宜大
末横变提

革 / 鞋

女字旁
整体忌宽
注意重心平稳
横左伸，让右

女 / 奶

鱼字旁
框不宜大
横变提启右

鱼 / 鱿

身字旁
横画左伸右不出头
撇短
中间两横变为点

身 / 射

新手练字十八问

为什么单字能写好，在横线格上写一段话就很难看？

答：单字能写好，说明字的笔画与结构已经过关了；写一段话就很难看，说明还没有解决章法（字与字之间的搭配）的问题。比较通用的原则是：字的大小适当，字与字之间要留有空隙，且间距要大致相同；行与行之间不能太密，行间距要大于字间距；每行开头第一个字的位置要对齐。和在田字格中书写一样，字的中心要在一条直线上，不可有的字偏高，有的字偏低。

第22课 左宽右窄的右偏旁

右耳旁"耳廓"要稍大，竖用悬针，将字的气势表现出来。单耳旁先写横折钩，折角宜圆，折画稍斜，钩末顺势写竖，竖可悬针可垂露，居字右，整体稍靠下。立刀旁两竖连写，竖钩的钩一般可简省。

右耳旁

单耳旁

立刀旁

左宽右窄

左右结构的字中，左边笔画多，所占位置大，各笔画要紧凑；右边笔画少，要写得舒展大方，两部呈左宽右窄之态。

新手练字第十九问

耳刀在左和在右时写法一样吗？

答：耳刀一般要根据左右位置的不同来决定其大小。一般情况，当耳刀在左时，耳钩应写得小巧；而当耳刀在右时，耳钩则应写大。不仅如此，左右耳刀在字中的位置也不尽相同。居右的耳刀一般比居左的耳刀位置稍低。另外，左耳刀一般用垂露竖，而右耳刀多用悬针竖。

第23课　左右相等的右偏旁

本课偏旁所构成的字在两边复杂程度差不多时，要写成左右等宽。欠字旁起笔要高、长，撇要伸展，捺通常写为反捺，前三笔可连写。反文旁短撇不出锋直接折向右写短横，下部撇捺连写呈正线结，撇画起笔位置靠近横画起笔处。殳字旁横折弯向左下出锋，与横撇相连，收笔处撇高捺略低。页字旁横不宜长，整体瘦长。鸟字旁折角有力，横画平直并向左伸。

欠字旁　行笔圆润　反捺，平稳重心　前三笔连写

反文旁　可正捺可反捺　注意末两笔的起笔位置

殳字旁　撇小　捺伸展　笔画有连带之意

页字旁　横不宜长　末为长点

鸟字旁　横左伸　居右形宽

新手练字第二十问

可不可以用写毛笔的方式来写硬笔？

答：一般情况下，毛笔字写得好，硬笔字也会好。硬笔书法源于毛笔书法，硬笔的笔法和结体要领与毛笔是共通的，只是我们在写硬笔的时候，为了提高书写速度，对某些笔画的书写方式作了一些简省。因此，写一写毛笔对练习硬笔是很有帮助的。

第24课 宝盖类字头

宝盖头的宽窄因字而异，下部突出或者有主笔的宜窄，如"家"；下部整齐并形窄的宜宽，如"字"。左点与横钩可断可离，横略上仰。与之写法相似的还有秃宝盖和穴宝盖。其中穴宝盖下面两点的疏密受到下部结构的影响，下部笔画多时，两点宜散以避让下部，如"窜"；下部笔画少时稍聚，如"空"。

宝盖头 首点高扬 宽窄因字而异 点与横钩可断可连

秃宝盖 横钩舒展 出钩短小有力

穴宝盖 点居中 此点回带启下

天覆结构 天覆 地载

当字头有撇捺伸展的笔画或有长横画时，字头要写得宽些以盖住下部。宝盖类字头、人字头等，很多时候都要写成这样。

空山新雨后，天气晚来秋。明月松间照，清泉石上流。

第 25 课　天覆结构的字头

本课学习的偏旁撇捺均要舒展、对称，呈撇低捺高之势。人字头捺画可正捺，也可反捺。大字头横短，横、撇连写，捺多用反捺，起笔与横不相交。八字头写法与人字头类似，注意撇短捺长，撇捺不相交。父字头上面写作两点，角度稍平，撇捺相交，整体扁宽。春字头三横可连可不连，间距要均匀，中横最短末横最长，捺与横接与撇离。

人字头　撇捺伸展　出头　左低右稍高

大字头　长　短　长　下部上靠

八字头　撇低　捺高

父字头　伸展

春字头　等距　伸展　上靠

北风卷地白草折，胡天八月即飞雪。

忽如一夜春风来，千树万树梨花开。

第26课　上窄下宽的字头

"日"字在上下结构中要写得稍微扁一点，如"昆"。爪字头三点笔势流动，第一点和其他两点笔断意连，后两点实连，第三点出锋意连下笔。竹字头左小右稍大，左低右稍高，借鉴了草书的表现手法，一笔写成。草字头下部有长横或左右开张笔画的时候，横画要适当缩短，如"芳"，整体呈上窄下宽。反之，横画就要写长些。

日字头
作字头宜扁宽
末两横连写

爪字头
微平
连带启下

竹字头
左小右稍大
回锋启带下部

草字头
左竖短右竖长
横长短因下部宽窄而异
启下

上窄下宽
窄
宽

上窄下宽的字要上收下展，上面部分写紧凑，为下部留足位置；下部则应写得大方舒展，托稳上方，上下间隔不要太开。

第27课　左上包的字头

本课所学字头的撇画都要写得舒展大方。厂字头横短撇长，撇画稍直，末端通常附钩。广字头跟厂字头就是一点之差，在书写时应注意点横相离。户字头首点居中，撇有一定的弧度，"口"框不宜过大。病字头首点意带下横，横向左折笔写长撇，在撇的中上位置连写两点，下点提势明显，两点写作2字符。

厂字头
横短撇长
下部稍偏右书写，以免呆板

广字头
横短撇长　点横相离
下部稍偏右书写，以免呆板

户字头
首点居中　字头小
附钩撇舒展　稍偏右

病字头
首点高扬　稍偏右
附钩撇舒展大方

左上包
左伸　偏右

被包围部分应写得紧凑，在整个字的中间偏右的位置，又不能离偏旁太远。防止偏旁与被包围部分脱节。

第28课　上窄下宽的字底

四点底右三点连写，可与左点分离，也可四点连写。在书写时需注意四点间的呼应，整体保持左低右稍高。皿字底要扁，中间两竖分布均匀，宜短，底横左右伸展，以显稳固之态。心字底形扁宽托上，三点在一条线上，整体略向右靠。水字底竖钩居中，左右对称，末笔取反捺，2字符与撇捺的连接一定要自然。

四点底
首点略重，向左下行，后三点流动连带

皿字底
上部居正中，底横稍长，形扁宽，框形上宽下窄

心字底
扁宽，三点一线

水字底
2字符，反捺，左右对称

地载结构
上窄　下宽

本课所学的字底均要写扁宽，稳稳托住上部，使字显得上窄下宽，所以又叫"地载结构"。类似偏旁还有木字底、弄字底等。

行楷标准教程

第29课 左下包的字底

行楷的走之底将横折折撇简写，弧度平直，略有弯折笔意，向右下方行笔，捺画一波三折，显出字的精神。行楷中建字底的横折变化较大，虽有横折的意味，但是整个左部几乎在一条直线上，撇画宜纵长。走字底的捺画起承托之意，略有弧度，其下部用游动线简写成一笔，其右侧应平齐在一条直线上，以避让右部。

走之底 略比左高，稍小，平捺舒展

建字底 略比左高，不宜宽过平捺，同时舒展大方

走字底 比左部矮，不宜宽过平捺，同时此处简省草写，平捺舒展大方

左下包 捺画一波三折，紧凑

被包围的部分要写得紧凑些，与包围部分相呼应。作字底的捺画是这个字的主笔，起平衡作用，要写得舒展大方。被包围的部分在书写时不能超过平捺。

海内存知己，天涯若比邻。无为在歧路，儿女共沾巾。

第30课　左包右、右上包和下包上的字框

区字框上横短，下横长，两横平行，框内部分应小，且偏右，以保持字的平衡。句字框短撇略出锋后转向右写横折钩，竖稍左斜，钩画有力，可一笔写成。凶字框的形态要上开下合，内部笔画宜上露，两边竖画忌高。

区字框

句字框

画字框

左包右
被包围的部分要稍偏右一些，但不能离框太远，以免重心失衡。区字框的字都属于左包右结构。

右上包
被包围部分要写得紧凑稍微靠上，并且重心在左。例如句字框就不能写得太过松散，要给被包围部分留出空间。

下包上
所包的上面部分要居于整个字的中间，并要略微向下沉些，不可浮在上面。

行楷标准教程

第 31 课　上包下和全包围的字框

门、冂、口都属于方形框，整个框形应写成长方形，宜上下等宽。框内部分不宜过大，且位置稍靠上，四周留白。门字框首点意带左竖，右竖稍长，在书写时要注意出钩勿长。同字框的写法与门字框类似。大口框左竖宜短，先外后内，最后写短横。

门字框　点高　左竖短·右竖长　框内居中上

同字框　左竖稍短　上靠

大口框　不封口　框形方正　右竖略长　内部略小

上包下　上靠　长于左竖

在上包下结构的字中，被包围部分要稍偏上，不可放在框的正中，更不能掉出框之外。

全包围　字形长方　右竖略长

大口框的字都属于全包围结构，整个字要端正稳健，不可歪斜。外框在书写时，注意右边要略长于左边。

第32课　字的大小和长短

结构和笔画、偏旁有着密切的关系，它是研究如何才能很好地把有关笔画、偏旁合理地组合在一起，使之形成一个造型优美的艺术字。从本课开始，我们来学习行楷的间架结构。笔画较多的字书写时要注意收缩，但也不能过分挤压；笔画较少的字应写小，不能写大。字形长的字书写时不能将字形压扁或拉宽；字形矮扁的字书写时不要将字形挤窄拉长。

字大字小

口　内斜
雁　撇回舒展　等间距

字长字短

身　横画多其形自然高
血　末横长　竖有间隔

第33课　字的疏密和正斜

写字时一定要处理好笔画间的疏密关系。字疏是指笔画少的字应注意笔画舒展；字密是指笔画多的字书写时笔画要细，布白要均匀。字正时不可令其呆板，横宜左低右略高；字斜但重心平稳，以斜笔作支撑，斜而不倒。

字疏字密

己　舒展大方
戴　紧凑而不局促

字正字斜

业　横平竖直
夕　斜而有度

第34课　相向和相背

根据字左右两部分的体势不同，左右结构的字分为相向和相背两种。相向的字要双肩合抱，互带穿插；相背的字要相互呼应，背而不离。总之，最忌远离，缺少呼应。

相向

纱　好

笔画穿插　左右合抱　互为穿插　不远离

相背

狠　北

相互呼应　背而不离　背而不离　启右

第 35 课　特殊结构

> 左右两部字形相同，为了美观则将左部收缩，右部适当伸展，使两部同中有异。上下两部字形相同，这类结构的字为了规范美观，要求上部略小并收缩，下部稍大且舒展，整体错落大方。三部相同按照"品"字形排列，上部居字的正中，左下部分稍小，右下部分稍大。

左右同形　双（左边收缩　右边伸展）

上下同形　吕（收缩　伸展）

品字结构　品（居中　略小　略大）

第36课　主笔突出

我们把在字中最出彩的笔画叫作"主笔"，写好主笔很重要，主笔可以理解为这个字中的"点睛之笔"，这个最出彩的笔画写好了，一个字就写成功了一半。常作为主笔的基本笔画有：长横、垂露竖、悬针竖、斜钩、竖钩、竖弯钩、长撇、长捺等。

横为主笔

卫　平稳伸展

竖为主笔

中　竖画直正　重心平稳

撇捺为主笔

仓　撇捺伸展

第37课　笔画重复的处理技巧(一)

　　一字之中，如果有两个以上横笔时，且横笔之间无点、撇、捺等笔画时，横笔间距要基本相等。同样，一个字中如果有两个以上的竖笔，且竖笔之间无点、撇、捺等笔画时，竖笔间距就要基本相等。一个字有多个撇笔的时候，最忌讳写成排牙之状。所以应注意撇的方向和长短要有变化，撇与撇的间距基本相等。

重横

上两横短，上倾
等距
末横最长，平稳，以稳字形

重竖

等距
中竖最短
末竖最长，悬针

重撇

两撇指向不一
富有变化

第38课　笔画重复的处理技巧(二)

字中如果有两个以上的捺画，不管中间是否有其他笔画相隔，需要进行化减。因为捺画在字中一般都比较出彩，如果两个捺画同时突出又不能互相呼应的话，会影响一个字的整体美观。有多个钩画的字，一般情况下都要化减，如"宅"字等；也可变左边的钩画为提画，如"比"字等。有多个折画的字，每个折角的角度和大小要有所变化。

重　捺

退（反捺、平捺）

重　钩

宅（收敛、舒展）

重　折

红（长短不同、角度多变）

第 39 课　横、竖的搭配技巧

横与竖搭配时一般要写得横平竖直，但其长短因字而异。上横和中横短的字，竖要拉长，字才显得神气。横长的字，其竖要短，这样字形才协调优美、丰润坚实。

横短竖长

丰（横短　长竖）
来（横短　长竖）

横长竖短

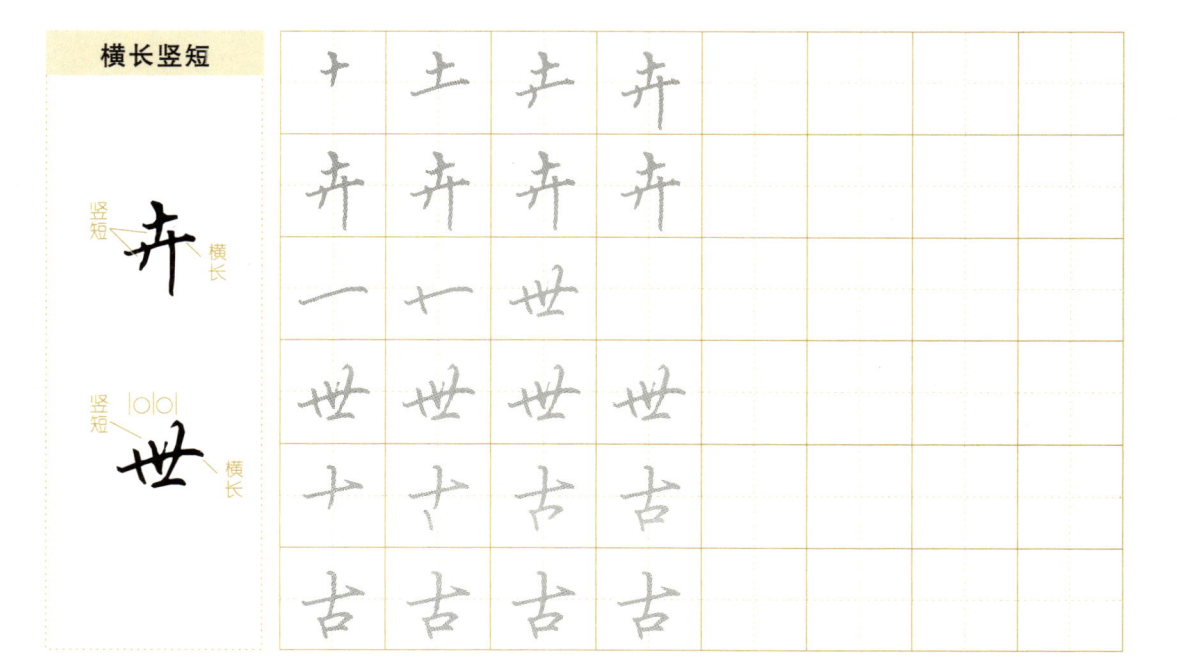

卉（竖短　横长）
世（竖短　横长）

第40课　横、撇的搭配技巧

一个字中既有横又有撇时，横、撇的搭配一般分为两种情况：横短撇长和横长撇短。起笔是短横的字，撇要写得长，不然字就放不开；主笔为长横的字，其撇要短，这样字才大小得当，均匀协调。当然长短是相对而言的，也不能写得太短，不然字显得太扁了，就没有精神。

横短撇长

左　长撇伸展　横、撇连写　横不宜长

灰　长撇伸展　笔断意连　横不宜长

横长撇短

右　撇不宜长　形扁　横画要长

希　撇不宜长　横画要长　附钩意连下笔

行楷标准教程

第41课　竖、撇的搭配技巧

一个字中既有撇又有竖时，根据撇、竖的位置不同，书写的原则也不同。竖在左而撇在右时，则左竖收敛，右撇舒展；撇在左而竖在右时，应撇短竖长。

左竖右撇

伊　竖短撇长
侈　竖短撇长
　　撇画左伸

左撇右竖

升　撇短竖长
卉　撇短竖长

第42课　首点居正和通变顾盼

当点画在字的顶部时，须意连下一笔。首点居正是指点的重心在全字的中心线上。若一字之中有两个或以上的点，则点与点之间的配合至关重要。通变顾盼是指笔画之间牵丝相连，首尾之间彼此呼应，使字的所有笔画之间达到一种有机的连贯。

首点居正

中心线
玄

中心线
言

点在字的中心线上

通变顾盼

三点呼应
必

形断意连

意连下笔
意

头两点，最后两点实连，其余点笔断意连

行楷标准教程

第43课　点竖直对和中直对正

若一字之中，上有点，下有竖，则应考虑是否直对。如果直对，再考虑点画的位置。所谓直对，是指两个笔画的重心垂直相对。一字之中，如果上下两部分的中间都有竖画的，那么在书写时应该将两竖直对。两竖虽直对，也应稍有变化，如果过于僵直，就缺少神韵了。

点竖直对

亩　卞

中直对正

卡　幸

第44课 中直偏右和底竖斜位

凡是有中直笔画的字，竖画都应该垂直劲挺，位置可稍微偏右一些，以免显得呆板。需要注意的是，中直笔画无论是悬针垂露，有钩还是无钩，都要切忌屈体弯身。凡竖在下方的字，竖画不是全部都居中，或偏左，或偏右，偏右者多，偏左者少。

中直偏右

字 — 竖楷偏右 / 点钩对正
年 — 横长托上 / 上密下疏 / 竖画略偏右

底竖斜位

举 — 竖画稍右 / 撇捺舒展
可 — 竖钩直挺 / 口偏左些

第45课　上展下收和上收下展

上展下收，"上展"，是指上面部分要写得飘扬洒脱，以显示字的精神；"下收"，即是下面部分要凝重稳健，迎就上部，以显示字的端庄。一般上面有撇捺等开张笔画的字，都应写得上面舒展而下面收敛。上收下展正好完全相反。

上展下收

登（撇捺舒展／底横不长）

杏（撇伸捺展／略偏右）

上收下展

束（口口要扁／竖居中线）

恩（字底偏右／上窄下宽）

第46课　上正下斜和上斜下正

上正下斜，"上正"，指的是上部要写得端庄，则竖笔必须垂直；"下斜"，指的是下部取斜势。这样写出来的字才能正而不僵，生动变化。上斜下正，书写这类字时，上部虽然取斜势，但应注意重心不能倒，以斜势呼应下方；下部虽然写得端庄，但要随上方大小而决定是否收展，上下呼应，方能写出好字。

上正下斜

秀（端正 / 倾斜）

梦（斜而不倒 末撇宜长 / 上宽下窄）

上斜下正

盏（斜而有度 / 下横平稳，以稳字身）

昏（斜钩勿太长 / 上宽下窄 / 下部宜扁 以正字心）

行楷标准教程

第47课　左收右放和左斜右正

根据统计，在现代汉字中，左右结构的字占64.93%。这种结构的字以左收右放的居多，即左边收敛，右边舒展。如果左边放得太开，造成与右边争位，主次不分，则整个字会显得过宽而很不协调。左斜右正，"左斜"，是指左边部分左低右高，以斜取势；"右正"，是指右部横平竖直，以稳字身。

左收右放

河：弧形排列／竖钩伸展／收敛让右
戏：左窄让右／斜钩舒展

左斜右正

旅：撇田参差／左取斜势
经：左部斜而有度／右部正而不偏

第48课　对等平分和左右对称

对等平分是指左右两部分高低对等，大小接近，宽窄平分，不要一方过高，一方过矮。两部分对等平分，但也需要相互呼应，不能离得太开。左右对称是指字左右两边的笔画之间要有所呼应，即撇捺对称或横画对称或竖画对称，从而使字产生一种分量和意境上的相等。即左边不长右边不短，左边不过于收敛，右边也不过于宽松，两边大小差不多。

对等平分

左右宽窄基本相等

鞋　朋

高矮宽窄大致相等

左右对称

撇捺左右呼应

秋

横向均匀　右竖略长　竖画平行

非

第49课 斜抱穿插和围而不堵

由两部分组合而成的字最忌讳远离分散，特别是两部左右相向斜势穿插的字更是如此。书写时应令两部双肩合抱，互带穿插，鳞羽错落，呼应强烈，使字紧凑而富有精神。两部分如果远离则会疏散，从而让字变得缺少生气。书写包围结构的字时，如果全部封闭，易使字显得滞闷而不透气。围而不堵、守而不困是书写包围结构的常用方法。

斜抱穿插

妙 妨

撇点和长撇互为穿插，紧密合抱
点高横斜
左右呼应

围而不堵

囙 囙

不封口，以透气
内部宜小
字形长方，右竖略长于左竖
人不宜大
右竖稍长

第 50 课　作品练习

在学习行楷的同时,最好同步进行一些作品的创作,通过创作来感受行楷的流动,行楷笔画的灵动。作品的创作形式,可以从古人的表现形式里边去吸收一些营养。作品的具体表现形式,可以用格子来体现,也可以不用格子体现,关键是要行气贯通。所以作品是整体经营的,不是单个字的局部经营,那么我们在表现作品的时候,就要考虑到正文、落款、印章怎么搭配以达到一个有机和谐的整体。下面我们来看一些作品。

中堂　这类作品大多挂于厅堂正中。中堂一般竖向布局,长大于宽,略呈长方形,偶有正方形或横式布局。钢笔书法作品受成品大小及笔触粗细的限制,中堂比较少见。

众芳摇落独暄妍　占尽风情向小园
疏影横斜水清浅　暗香浮动月黄昏
霜禽欲下先偷眼　粉蝶如知合断魂
幸有微吟可相狎　不须檀板共金樽

宋林逋山园小梅　吴玉生书

扇面 分折扇、团扇两种。折扇上大下小呈辐射状，团扇为圆形或椭圆形。

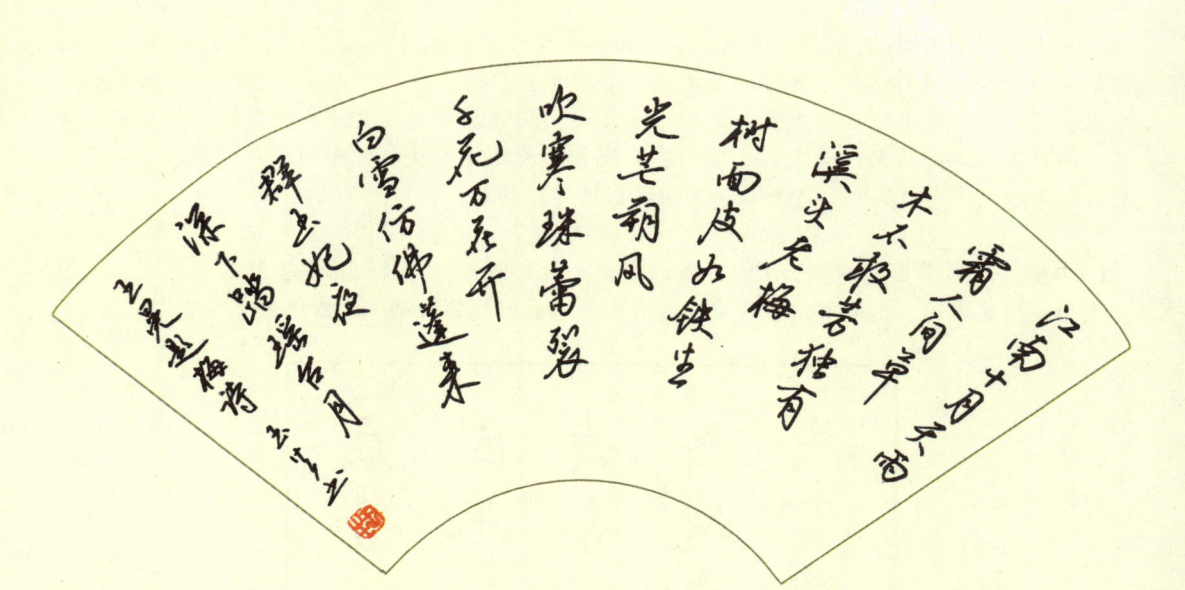

斗方　也称"开方"，书画常用的一种品式，呈正方形，纵、横基本相等。

塞下秋来风景异，衡阳雁去无留意。四面边声连角起，千嶂里，长烟落日孤城闭。
浊酒一杯家万里，燕然未勒归无计。羌管悠悠霜满地，人不寐，将军白发征夫泪。
宋 范仲淹词 渔家傲　玉生书

横幅　尺幅呈横向，横长竖短的作品，一般从右往左竖写。

大江东去，浪淘尽，千古风流人物。故垒西边，人道是，三国周郎赤壁。乱石穿空，惊涛拍岸，卷起千堆雪。江山如画，一时多少豪杰。
遥想公瑾当年，小乔初嫁了，雄姿英发。羽扇纶巾，谈笑间，樯橹灰飞烟灭。故国神游，多情应笑我，早生华发。人生如梦，一樽还酹江月。
苏东坡赤壁怀古　玉生书

条屏 是上下长、左右窄的立幅品式。条屏在使用时一般多用偶数，不作单数，主要是为了对称好看。按照惯例，最少要四条。

滚滚长江东逝水，浪花淘尽英雄。是非成败转头空。青山依旧在，几度夕阳红。白发渔樵江渚上，惯看秋月春风。一壶浊酒喜相逢，古今多少事，都付笑谈中。
——《三国演义》开卷词
癸未年夏日 墨仙 书

横格 日常书写中应用最广的一种形式。横格书写一是要提高速度，二是要增加排列的行气。需要注意的是不要把字写得太长，要稍扁一些。再就是把纵向的笔画向横向引导。

书道珍言

喜即气和而字舒，怒则气粗而字险，哀即气郁而字敛，乐则气平而字丽。情有重轻，则字之敛舒险丽亦有浅深，变化无穷。

——清 王墨仙《书法指南》